パワーハラスメントの衝撃

あなたの会社は大丈夫か

（個人と企業のための いじめ防止完全マニュアル）

金子雅臣

都政新報社

はじめに

パワーハラスメントの名づけ親である㈱クオレ・シー・キューブ代表の岡田康子さんが、「もうパワハラは、何度も定義を変えてきたし、これからも変わるかもしれない」と講演の中で語られていた。パワーハラスメント自体が、人間関係やコミュニケーションの中で起きる可変的なテーマであれば、その定義の厳密さよりも表現力のインパクトを大切にすればいいのであり、当然のことかもしれない。

とりあえず、この本では「職場におけるあらゆるいじめ」をとらえる言葉として使わせてもらうことにする。まさに、パワーハラスメントという言葉のもつインパクトを土台として、いま、取り上げなければならないミゼラブルな現実が職場に起こり始めているからである。

その信じられない広がりと、深刻な内容こそが、本書のタイトルでもある〝パワーハラスメントの衝撃〟にほかならない。

平成不況を通過する中で、いま、日本の職場は明らかに大きな変化を遂げ始めているような気がする。厳しい雇用環境は中高年労働者を職場から排斥し、企業の中ではリストラの嵐が吹きまくり、限られた椅子をめぐる椅子取りゲームは日に日に激しさを増している。

能力主義、成果主義、業績評価、コンピテンシーなど、言葉をいろいろ言い換えてみても、それは企業内での競争を加速するキーワードであることに変わりはない。こんな競争が加速して、職場では歯止めが効かなくなり始めているようなのだ。

どんな時代にも適度な競争が必要であり、その競争こそが努力や進歩を生み出してきたのだと言われる。確かに資本主義社会での自由な競争は、社会の進歩に大きな役割を果たしてきたことは事実である。しかし、現在進行している競争は、果たして適度な競争と言えるのだろうか。そのことに大きな疑問がある。

こうした時代を反映する厳しい不況の中で勝ち抜く企業の内幕紹介や、リストラから再起するために自営業を目指す中高年の涙ぐましい努力と成功物語が、テレビなどで様々に紹介され話題となっている。しかし、そのいずれもが企業内でのまさに人権を無視した罵倒や根性論に満ち満ちたものとなっている。

番組の多くは、そうした非人間的な環境でなければ、この厳しい競争時代を勝ち抜けないのだというメッセージを繰り返している。テレビ独特の感動物語のための誇張や、やらせがあるにせよ、異常な光景がこれでもかこれでもかと繰り返される。

これが適度な競争かどうかという基準には、普遍的なものはない。時代背景やその企業のもつ倫理観によって様々に変わるものである。だから、競争には否応なしに個々の企業組織の拠って立つモラールが映し出される。

まさに〝適度〟を超えた競争こそがパワーハラスメントを生み出すのであり、そうであるとすれば、職場のいじめは、企業のクライシスサインでもある。こんなパワハラの警告を、企業はいまこそ真剣に受け止めるべきである。

パワーハラスメントの衝撃●目次

はじめに――iii

第1章●パワーハラスメントの衝撃――1
オレの足を引っ張るのは誰だ――3
リストラのターゲットにされて――16
退職は自分の意思で決める――25
自分流を貫く――33

第2章●職場にパワハラがやってくる――43
1 パワハラが話題になってきた――44
（1）〝職場のいじめ〟が労働相談のテーマになる――44
（2）リストラと〝パワーハラスメント〟――45
2 何がパワハラを表面化させたのか――47
3 パワーハラスメントの諸相――52

第3章●パワーハラスメントの特徴――65

1 リストラ（退職強要）をめぐるもの――68
（1）スタッフ職の一斉降格――69
（2）リストラ模様――74
2 労働強化（出向・配転・ノルマ）によるもの――79
3 能力主義・成果主義をめぐるもの――83
（1）能力主義の混乱――84
（2）能力主義、成果主義に揺れる現場――91
4 女性差別とセクハラ――97
（1）女性たちの悲鳴――97
（2）時代が変わっても性差別は続く――101
（3）古くて新しいセクハラ――104
5 職場のさざなみ――108
（1）〝職場のさざなみ〟とは――108
（2）現代企業の人間模様――110

第4章●パワーハラスメントとは何か?――115
1 パワーハラスメントの構造――116
(1) その本質は〝職場の暴力〟――116
(2) どこで起きているのか――119
(3) 誰がどのようにやるのか――121
(4) パワハラの動機は何か――123
2 パワーハラスメントとは何か――125
(1) それは労働問題である――126
(2) 個人的な問題から社会的な問題に――129
(3) それは人権侵害である――130
(4) ストップ・ザ・ハラスメント――134
第5章●やられたら、やり返せ!――137
1 勝てるいじめと勝てないいじめ――138
(1) 対応事例でみる――138
(2) 解決に向けてのポイント――152

2 労働法規を活用する――156
（1）職場の労働ルール――157
（2）セクハラが法規制されて――162
3 やられたら、やり返せ！――167

第6章●企業が抱えるパワハラという爆弾――169

1 なぜ対応しなければならないのか――170
（1）裁判で争われるケースも――170
（2）従業員のモラールダウン――173
（3）業務の円滑な遂行が阻害される――177
（4）企業のイメージダウン――180
2 パワーハラスメント対応の基本――186
（1）これまでの発想では対応できない――186
（2）対応の原則――188
3 パワハラ発生――190
（1）そのとき被害者は……――190
（2）そして会社は……――192

4　相談・苦情への対応　193
（1）相談窓口をつくる　193
（2）苦情処理体制をつくる　200
（3）相談・苦情の受付　203
（4）相談内容の整理　205
（5）当事者などからの事情聴取　207
（6）事実の再確認　213
（7）解決に向けた整理　215
（8）再発防止のための措置　216

第7章●パワハラとメンタルケア　219

1　パワハラとメンタルケア　220
2　被害者（相談者）の心理　223
3　加害者とされる人の心理　224
4　相談にあたって留意すべきこと　225
5　心理的ケアを必要とする場合　229
（1）専門家と相談　230

（2）緊急措置――231

資料――233

①**ヒアリングシート1**　パワハラ被害者への聞きとり――234
②**ヒアリングシート2**　パワハラ加害者への聞きとり――238
③**ヒアリングシート3**　第三者への聞きとり――240
パワハラ・労働問題の相談機関――243

第1章

パワーハラスメントの衝撃

学校でのいじめが話題となった時、それはあくまで子どもたちの世界での出来事だと、誰もが信じていた。いや、正確には「信じていたかった」と言った方がいいのかもしれない。なぜなら、すでに職場にもいじめがあることは誰もが知っていたし、それが古くからあったこともうすうす感じていたからである。

そして、誰もが悪い予感を抱いていたように、それは静かに広がり出してきた。少しずつ、大人の社会である職場にもパワーハラスメントとして猛威をふるい始めてきたのである。

それでも、見て見ぬふりをして、あくまで特殊な出来事にしようとしてきた。しかし、いくら無視しようとしても、それは難しくなってきた。〝パワーハラスメント〟は、もはや働く人たちの誰にとっても無縁なものではあり得ない。

誰もが身の回りで経験し、自らが関わることになるかもしれない出来事になってきた。それは、リストラやセクハラのかたちで、またある時は競争や能力主義として、職場のありとあらゆる人間関係を通じて現れてくる。

これが現代におけるパワーハラスメントである。あなたの身の回りでも起こっているかもしれない、その衝撃の現実を見てみよう。

NO.1 オレの足を引っ張るのは誰だ

有給休暇の申請が認められない

園部勝己（51歳）は850人程度の商事会社の課長だった。「だった」というのは、たった今、退職願を提出して、受理されたところだからである。

園部は、仕事の一段落した時期に、かねてからの希望である妻と二人でのヨーロッパ旅行を計画していた。これは、新婚旅行がまさに会社の仕事のためできなかった園部の、妻への罪滅ぼしとしての計画でもあった。そこで、気心も知れていた直属の上司である内田部長にそのことを相談した。計画では半月近くかかるものだったので、あらかじめ内田に相談して、もし「長すぎる」と指摘されれば短縮する腹づもりだった。

ところが、案に相違して、内田は、

――それはいいことだ。仕事一筋で来ているとそろそろ疲れも出てくるころだから、気分転換に思いっきり贅沢に行ってきたらいい。オレもやってみたいくらいだよ。おまえが旅行から帰ってきたら、今度はオレも計画してみることにするか。

と上機嫌で答えた。そこで意を強くした園部は、旅行業者と相談して、仕事の段取りもつけて、ほどなく有給休暇の申請を部長に提出した。ところが、内田の反応は予想もしないものだった。

――いや、あの話は本当だったのか。軽い世間話か、「そんな旅行ができたらいいな」という程度の話かと思っていたよ。まさか、この忙しさの中でキミがそんなことを本気で考えているなんて……。

内田は半ばあきれ顔で園部を見ると、彼が提出した休暇願を見ながら、「そんなことはとても無理だ。認める訳にはいかない」と、厳しい顔で言った。

――そんな馬鹿な。部長からあのように言っていただいたので、すでに旅行の手配も済ませてあるし、すべての段取りも組んであるんです。

と言い返したことから、雲行きは怪しくなり始めてきた。

覚悟して行け

――そんなキミ、我々だってそんな余裕がないのに、キミたち中間管理職が暇な訳がないだろう。半月近く仕事場を留守にするなんて、だいたい下の連中に与える影響が悪いよ。今をどんな時期だと思っているんだい。

――決して、会社にとって順調な時期だとは思っていません。しかし、先日も話したように、そんなことを言っていたらいつだって仕事優先で、旅行の時間なんか取れません。だから事前に打診をさせていただいて、準備をしてきたんです。「思い切って決断しなければ、旅行なんてできない」

って部長もおっしゃっていたではないですか。

──あれはあくまで願望を話し合ったまでで、一般論だよ。管理職としては、こんな時期にとても個人的な旅行など行けるという気持ちになれないというのが普通ではないか。キミは行けるという判断をしているのか。そうだとすれば、キミの見識を疑わざるを得ないな。

──えぇ、私の仕事は一段落しましたし、今なら会社に迷惑をかけることも少ないと考えた結果なんです。今なら、さして会社には迷惑はかからないと……。

──キミの了見は分かった。そんな判断をしているのなら管理職として失格だ。もし、どうしても休みたいというなら他の社員の手前もあるし、無断欠勤という扱いにせざるをえないが、どうだ。

──そんなことを言われても困ります。もう旅行業者にも手配をしてもらっていますし、家族にも相談したり、他にもいろいろと手を打ってしまっていますから。

──そんなに言うなら、おれの意見なんか聞かなくともいいじゃないか、勝手にしろ。ただし会社が認めたということにはならないから、覚悟して行けばいいよ。

始末書を求められ

こんな部長とのやりとりはあったが、仕事の段取りは済んでいる。とりあえず行って来てしまえば、支障もそれほどなかった、ということで済んでしまうことだと園部は判断をした。しかし、園部の見通しは甘かった。内田の怒りは収まるどころか、かえってエスカレートしていた。

彼の勝手な判断での旅行中、内田ははらわたを煮えくり返らせていた。そして、園部が旅を終えて出社したところをすかさず呼び出した。

——あれほど言ったのに、キミは旅行に行ったそうじゃないか。どういうつもりだ。

部屋に園部が入るなり、怒鳴りつけるようにして言い放った。

——部長に申し上げた通り、仕事も一段落して何とか都合がつくと判断したので、予定通り行かせてもらいました。後の手配もして行きましたし、今の段階では別に問題はなかったと考えていますが……。

——仕事が一段落したというが、その仕事の報告書が出てないではないか。そんなことでは、我々としては、キミの仕事が一段落したかどうかの判断もできない。キミは勝手に一段落と判断をしても、報告書ができて初めて一段落ではないのか。

——いや、仕事はもう終わって、報告書はその結果の報告ですから、そんなに急がなくてもいいと思います。報告書の完成と次の仕事の開始は、これまでも、オーバーラップしてやってきています。一つの仕事を完全に終えて区切りをつけて、次の仕事を始めるという段取りにはなっていませんから、その合間が一段落なんです。

——キミの言い分は屁理屈だ。少なくとも、私から見れば業務上の指示違反と言わざるを得ない。

——でも、こうして今、支障がなく、これから急いで報告書を書くということで間に合うのではないですか。

――そういう判断は私がする。とりあえず、キミは指示違反ということを認めて、始末書の提出をしてくれ。そうしないと、他の者にも示しがつかない。

オレが判断をする

――それは、おかしいんではないですか。私も少なくとも管理職なんだから、仕事が一段落したかどうかの判断はできるポジションにいると思うんです。もし、その程度の判断もできないとするなら、部下たちに何の指示もできなくなってしまうんではないでしょうか。

内田はここまでの議論で、烈火のごとく怒っていた。そして、園部の反論を遮って、

――そこまでキミが言うなら覚悟はできているのだと思うから、始末書ではなく退職願を書いた方がいいのではないか。退職なら、自分の思い通りに旅行にも行けるし、私からあれこれ言われることもないだろう。

社長は「始末書の提出くらいにしておけ」と言っていたが、そんな考えでは始末書ではとても駄目だな。退職願をもってこい。

思わぬやりとりの発展から、退職を迫られることになってしまった園部はいろいろ考えた。本当に自分に落ち度があるのだろうか。たまたま部長の意思に逆らったのでこんなことになったのだろうか。社長はこのことをどの程度知っているのだろうか、そして、どのような判断をしているのだろうか。

こんな悩みを抱えて園部は私のところにやってきた。

――このままでは、内田部長のだまし討ちにあってしまう。昔はこんなやつではなかったのだが、どうしてこんなことになったのだろうか。友達だと思っていたのに、部長になってから人格が変わってしまった。何様だと思っているのか。社長に直訴してもいいんだが、子どもの喧嘩を大人に言いつけるようで、そこまではしたくないし……。

園部は、内田とは古くからの同僚であり、ずーっと肩を並べて働いていたが、昨年彼が部長になったことから、なんとなくギクシャクした人間関係を気にしていた。一種のライバル関係でもある二人の間のすれ違いを感じた私は、とりあえず社長と会ってみることにした。

社長の判断

――あいにく社長は、仕事上のことでアメリカに出張中なんですが、お急ぎでしょうか。

会社に電話をしたが、社長は出張中とのことだった。そこで内田を電話口に呼んで、とりあえず「始末書も退職願も社長が帰国してから社長の意思を確かめた上で」ということにして、社長の帰国を待った。

帰国早々に私の訪問を受けることになった社長は、明らかに戸惑っていた。事態がよく飲み込めていない社長は内田を呼んで、経過の説明を求めて、ようやくその後の事態を理解した。

それでも社長は、明らかに困惑した表情で、

――どちらの言い分も一理があるようだ。しかし、問題は休暇願の提出段階でよく話し合わなかった

ことだろう。その点については園部クンには反省してもらわなければならない。やはり始末書を提出してもらったらどうだろう。

それで、今回の件は一応の決着ということにしたい。出発前にも確かそのように指示をしていったつもりだったのだが……。何でこんなことになってしまったのかな。

社長は、事実関係を再確認するようにつぶやくと、内田を振り返った。ところが、同席していた内田は、社長の決断に明らかに不満そうだった。

――彼は、私の指示を無視したんですよ。いや、私から言わせれば、あえて逆らったんです。繁忙期を狙った嫌がらせですよ。この時期に不在にすることで、会社が困ることを計算して、自分の存在感を高めることを狙っていたのかもしれません。あくどいやり方で、絶対に許すことはできませんよ。

内田がやや感情的になっていることが私には分かった。しかし、なぜそこまで言うのかは、その場では分からなかった。

足を引っ張る人

そんな私の疑問を察したのか、内田を別室に行くように指示して追い出してから、社長が声をひそめるようにして言った。

――もう、お気づきかもしれませんが、あの二人は最近仲が悪くて困っとるんですよ。以前はそんなことはなかったんですが……。いや、むしろ仲が良かったんです。それが、今回の件も内田は、園部が自分の足を引っ張るために悪意でやったことだと信じて疑わないんです。

私は、いくら園部が内田に敵意を抱いていても、そこまでやるはずはないと思っています。そこで、穏便な解決を望んでいるのですが、お互いにあの調子でいがみ合っていて弱っているんですよ。


社長は、これまでも園部が再三、内田を無視して仕事を進めたり、商談の進行について報告しないこと、足を引っ張られて苦労をしているという苦情を内田から何度も聞かされていたことを話し、でもそうした報告を聞きながらも、自分は内田をなだめてきたのだと強調した。

私は事態がようやく飲み込めてきたので、社長の言う「園部クンにも、個人的にはともかく、内田クンの仕事上の立場を理解してもらってこの場を収めたい」という意向を園部に伝えることにした。

こうした経過について、私からの報告をじーっと聞いていた園部は、

——そういうことだったんですか。私も内田には、少し違和感を感じていたことは事実だったんですが、そこまでとは思っていませんでした。むしろ部長になったことで、友人なのに使いにくい敬語で彼を呼んだり、これまで以上に報告や相談を持ちかけていたつもりだったんですが……。そこまで、こじれていたのは知りませんでした。そんなことなら、今回の旅行も計画していませんよ。むしろ、彼なら多少の甘えは許されるとさえ考えていたくらいですから、それが間違いのもとだったんですね。

心なしか、肩を落としてつぶやくように言った。

社長の意思に逆らった

「家に帰って、気持ちの整理をして、明日にでも相談に来ます」と言って帰った園部から電話が入ったのは、翌日の午後だった。

――今、社長と話してきました。それで、やっぱり会社を辞めることにしてきました。

と、唐突に言った。

――どうも、お世話になりました。せっかく骨を折っていただいたのですが、これは私の生き方に関わる問題ですから……。

興奮を抑えるようにして話しているのが、彼の時々うわずる早口な電話口の声で分かった。

彼の報告によると、一晩考えた末、今回の事件は私の話から、自分と内田の問題なのだということが分かったという。そこで、内田とのこれまでの誤解を解かなければ、これからもこの会社で彼と一緒にやっていけないのではないかと考えたというのである。

そこで内田に話し合いを求めたところ、彼は「すべては社長の意思で、私は知らない。自分は指示に従ったまでだ」と主張して、社長の陰に隠れるだけで話にならなかったというのである。そんなことで話の成り行きから、「それでは社長の前で白黒をはっきりさせよう」ということになってしまったという。

社長は、どちらかというと穏便な解決を期待していたので、

――すでに労政事務所に入ってもらっているし、その話を園部クンも聞いていると思うが、どうだろう。あまりことを大きくしないということで……。

と、園部に話しかけた。ところが、答えようとした園部を遮って内田が、

――いや、社長のおっしゃる通りなので、その旨を伝えたんですが、園部クンの方はそれでは納得できないと言うんです。そこで、私は「社長の言うことも聞けないなら身を引いたらどうか」と言ったんですよ。そうしたら、「それは社長の意思か」ということになり、「社長の真意を直に聞きたい」とのことで……。

あたかも、社長の意思に園部が逆らったということを強調する内田のやり方に作為は感じたが、もうこの際どうでもいいことのように思えたので、園部は反論をせずに彼の説明に任せた。

しかし、この言葉から事態の流れが変わった。

管理職としての判断

――私の指示である始末書の提出に納得がいかないというのが、園部クンの考え方か、それは困ったな。

――いや、そういうことではなくて、管理職として、仕事上の判断はある程度任されているのではないかと、そういう議論なんです。仕事が一段落したことの判断は自分でできるし、会社に迷惑を

かけるかどうかの判断も自分ができる立場にあると……。

少しこだわり過ぎているかな、と自分でも考えながら園部は、必死の思いで訴えて、社長の目を見た。

――私の管理職としての判断は間違っていたのでしょうか。

園部は再度聞いた。自分でも、予想していた以上に冷静に、しかも淡々と言えたことにびっくりしたという。しかし、その真剣さには変わりはなかった。

――二人とも、どうも依怙地になっているような気がするな。成り行きはともかく、少し頭を冷やしたらどうだ。園部クンも、自分の判断にあまり固執するのもどうかと思うが、どうだい？

社長はこの場で、園部に最大限の助け舟を出したつもりだった。内田の立場を全面的に否定する訳にもいかないが、こうした場面で穏やかに解決する方法は、立場の強い人間に分を良くして収めるというのが常道だからである。

園部には、この社長の立場もやり方もよく分かっていた。そして、自分がここで素直に、

――どうも、社長にまで、ご迷惑をかけてすみませんでした。仰せの通り、始末書を書いて明日にでも提出します。今後は気をつけます。部長にも大変ご迷惑をかけてしまいまして申し訳ありませんでした。

と言えば、すべてが穏便に済んだのだと、今でも考えていると園部は何度も言った。そして、「それがサラリーマンの常道なのだし、自分だって、これと同じようなことは幾度か繰り返してきたはず

だから嫌というほど分かっているつもりだった」とも言った。ところが、実際に口をついて出た言葉は考えていることと違ったというのである。

献身の報酬

——社長が部長に気兼ねをするのは分かりますが、たかが有給休暇をとるのに、自分で判断のできない管理職というのは何なんでしょうね。これまでは有給休暇など、ほとんど取らずにやってきたし、会社のことは第一に考えてきたつもりです。でも、このあたりで一休みをすることで、もっと会社のために頑張ることができるという思いで休暇を取ろうというのが、そんなにいけないことでしょうか。

確かに、ここで始末書を書けばいいのでしょうが、会社に献身してきたという私の思いはどうなるのでしょうか。みなさんからすれば、ただの始末書かもしれませんが、私にすれば、会社のことを第一に考えながらの行動に「間違いだった」という結論を出すことになるんです。そんなことをすれば、私の会社人生について「間違いだった」という結論を出すことになります。私は納得できないんです、そんなことは……。

我ながら、自分の饒舌さに驚くほどしゃべった、と園部は言う。そして、話の後半は、もう社長に聞かせるよりも、自分に言い聞かせるような気持ちになっていた。もはや、その話の結果がどんなことになるのかなど、全然考えずに話し続けていた。

こんなことは、サラリーマン生活をしていれば幾度か経験していることだ。もっとも、園部だって、いつもどこかに気をつかって生きてきた。その彼のサラリーマン生活にとって、今回のことはかってない経験だった。

これまでと違っていたのは、これまでのように言いたいことを言わずに、言葉を飲み込んできたことをやめただけなのだ。

管理職って何なんだろう──。その時のことを分かってもらいたい一心で、一生懸命に説明する彼の言葉をぼんやりと聞きながら、私は、これこそが中間管理職の悲哀なのかもしれない──そんなことを考えながらも、彼の大人げのない短気を責める気力を完全に失っていた。

NO.2

リストラのターゲットにされて

役員会での居眠り

——ところで、群馬の工場の方だが、どうかね。最近は？

それまでの話題をガラリと変えて、つぶやくように常務は言った。会議に参加した役員たちは、常務が急に話題を変えたこととあまりにも低い声で発言したために、一瞬、何が起こったのか、理解ができなかった。

しかし、次の瞬間に常務の声は明らかに怒号に変わったため、他の役員たちには何が起こったのかが飲み込め、会場に緊張が走った。

——上田クン、上田クン、報告をしたまえ。

呼ばれた上田工場長は、ふわーっと襲ってきた睡魔との闘いに負けて、会議から意識が遠のき始めていた。だから会議自体の進行は大筋では理解していたが、常務の突然の話題変更と、その低い声の問いかけには、まったく気づかなかった。

——キミはこんなに大事な会議で居眠りをしていたのか。会議は今、キミの工場の問題を議題にしようとしているのに、責任者のキミが居眠りをしているというのは一体どういうことだ。

――いやー、すみません。昨日も本日の役員会議に臨むために、真夜中まで打ち合わせをしていたために……。

――そんな言い訳は聞いていない。キミは今、居眠りをしていたんだな。これまで役員会で居眠りをしたものはいないし、自分の工場の問題が議題になっても報告ができなかったような役員は初めてだ。

吐き捨てるように常務は言うと、一方的に会議の中断と休憩を宣言した。

――とりあえず、会議は中断しよう。居眠りをするようなやつがいる会議は継続できない。

一体何が起こっているのか分からないうちに会議の一時中断が宣告されてしまい、上田工場長は、狼狽した。会議の進行はもうろうとする意識の中でも分かっていたつもりだったし、確か、まだ先月の海外取引の報告の最中だったはずだった。

ところが、突然テーマが変わり、自分に質問がされているという展開となっていることに、彼は驚いた。そして、その突然の変化がなかなか理解できなかった。

――私もうかつでしたが、でも、あれは常務が意図的に仕掛けたものです。あとで、参加者に聞いても、みんな一瞬理解できなかったと言っていますし、私の落ち度をとらえた作為的な罠ですよ。

これは、後になって上田が漏らした、その時の感想である。

誰の責任か

　再開された役員会議は、何もなかったかのように元の会議次第に戻って進行された。残された総務部長の報告が長々と行われて、1時間ほどしてやっと各工場の報告が始まった。そして上田の報告の番になった時、彼は報告の冒頭で謝罪した。

——先ほどは、大変失礼をしてしまいました。言い訳の余地はないのですが、ご存知のように私どもの工場は、創業以来の赤字を抱えて危機に瀕しています。そこで、何とか打開策を本日の会議に提起したいということで、昨日も深夜まで議論を重ね、ほとんど睡眠を取っていない状態でして、昨日に限らず、ここ1か月はほとんど寝ていない状態でした。本当に申し訳ないと思っています。

　明らかに不満の残っている常務の顔を視界の隅にとらえながら、現在の工場の状態、そのような事態となった原因、そして今考えることのできる打開策などについて、上田は精一杯の誠意をもって報告した。

——そんな程度の案で今後の対応ができると考えているのかね。全体的に今回の危機についてのとらえ方が甘いんではないか。対策だっておざなりな感じがするが……。

　予想した通り、常務からの厳しい質問が行われ、それを皮切りに、いろいろと質問と追及が始まった。他の役員の質問や追及は一般的なものだったが、常務の追及は具体的で、明らかにそのほこ先は上田個人に向けられていた。

――今回の赤字転落の原因となっているE会社との取引だが、この会社については少し問題があることは分かっていたんではないのか。信用調査をちゃんと行った上での取引だったんだろうな。

――もちろんです。事前に信用調査も行いましたし、今回の取引以前にも売掛金があったのですが、それも順調に回収ができていましたし、何と言っても、あの大手のS銀行が後ろについていたので安心していたんです。

――だから、それで安心して信用調査をちゃんとやらなかったんではないかと言っているんだが、本当に確かめていたんだろうな。倒産する可能性は調査段階で100パーセントないという確信があって取引をしたんだろうな。

――100パーセントというのは何ですが、かなりの確信を持っていました。でも、その安心材料だった銀行が融資をストップして倒産に追い込んだのですから、こちらとしては打つ手がなかったということです。銀行が自分たちだけで持っている情報で、債権回収に動くこうしたケースは手の打ちようがないんです、実際。

――そこが、問題なんだよ。キミは何年この仕事をやっているのかね。問題はそのことも折り込み済みで判断しなければならないということなんだ。誰がそれを判断するのか分かっているのか、キミだよ、キミ。だって、今回のケースについてもキミが最終判断をしたんだろう。まさか、今日のように居眠りをしていた訳じゃないだろうな。

常務が工場の内容を必要以上に詳しく知っていることに驚いたが、上田はその理由を考えている余裕を完全に失っていた。

休養の申し出

上田にとっては何とも気掛かりな役員会議が終わった。そして、群馬工場に戻って一週間ほどしたころ、本社の総務部長から電話が入った。

——あの役員会議のあと、社長と常務たちが話し合ったらしいんですが、それで「上田工場長には少し休養を取ってもらったらどうだろうか」という話になったらしいんですよ。それで、そのことを伝えようと……。

——それって、決定ですか。命令ですか。

——いやー、何とも言いにくいんですが、みなさんは上田工場長の方から言い出していただければいいんではないかと言うんですが……。

——よく分からないな。休めということではないんですか。私の判断に任せるということですか。

——いや、そうではなくて、決定、いや命令なんですが、工場長の方から言い出す形で進めさせてもらえればということなんです。

——つまり、私の方から「休養をいただきたい」と申し出て、会社としてはそれを了承したという形を取ると、こういう訳ですか。

——ええ、早く言えばそういうことになりますか。いずれにせよ、工場長の自発的な申し出ということで、会社としてはそれを了解したということにしたいんです。

──それじゃ、その後はどうなるの？　しばらくというのはどのくらいで、戻る時の判断は会社がするのか私がするのか、そのへんはどうなるの？

──恐らくそれは社長なり、常務が判断をすることになるでしょうから、それを待つという形で……。とにかく工場長の方から休養の申し出をしてもらって、段取りを進めたいのですが……。

上田はこの連絡を受けて、正直に言って面食らってしまった。居眠りについての何らかのおとがめは覚悟してはいたものの、休養を申し出るという形でのこんな責任の取り方は予想していなかった。しかも、こんなやり方をすれば、もう自発的な退社ということになるかもしれないという不安もあった。

管理職の責任の取り方

「少し考えさせてくれ」と言い、保留のまま、その日の電話は切った。そして、あれこれと考えてみたが、どうしても上田には納得がいかなかった。「あの一瞬の居眠りで、なぜこんなにまで……」という考えが頭の中を駆けめぐった。

もし、ここで休養を願い出れば、当然に周囲は「本人が経営不振のため心労で疲れ果てて、申し出をしたのだろう」と思うだろう。そして、そのことが広がってしばらくすれば、今度は「休養が長引いて、なかなか職場復帰をしないし、もう辞めるのだろう」という噂になり、辞めるしかなくなってしまうのではないか、というのが上田の考えた今後の予想されるシナリオだった。

――いろいろ考えたんですが、やはり、今の私には休養は必要ではないので、せっかくの心配りをいただいて申し訳ないんですが、このまま頑張りたいのですが。

上田は数日後、電話で常務に自分の意思を伝えた。

――大事な判断ミスはするし、役員会議で居眠りはするのに休養は必要ないというのは、通らない言い分じゃないのかな。それは、開き直りという風にしか聞こえないけど、本気なのかい？　社長も含めての判断なのだから、それじゃあ困るんだよな。

――それじゃあ、どうしても休養を取るべきだと言われるんですか。しかも、それが責任の取り方だと……。

――はっきり言わせてもらえば、そうしたやり方が管理職としての責任の取り方なんだ。解雇だとか、懲戒だとかというのは管理職にはないんだ。自らの責任は自らが取る、これが管理責任のある者の取るべき態度だということだ。誰かに罰してもらうのではなくて、自らを戒めるとでも言ったらいいのかな。古い言い方になるかもしれないけど、潔さというやつかな。分かるだろう。会社から言われてということではなく、居眠りをした気の緩みから起こったことについての責任は自分で取るということだ。

――居眠りの責任ですか？　あれは、会議でも言ったように、会社のための……。

――潔さだよ、潔さ。

残された疑問

上田はいまだに会社の真意がつかめないまま、私のところにやってきた。本当に居眠りが問題だったのか、それ以前に工場不振の責任ということだったのか。それだけははっきりさせたい、それが彼の願いだった。

その真意を彼に代わって尋ねた私の問いに対する社長の答えは、素っ気ないものだった。

――そんなことも分からないやつだから辞めてもらいたいと思っていたんですよ。自分の頭で考えようとしない。確かに努力をしていることは私も認めている。あの日の居眠りだって、前日は徹夜に近い仕事のためだったことは分かる。しかし、それでもあそこで眠っては駄目なんだ。これまでは、「努力をしたが駄目だった」が認められていた。だから無能な上田でも工場長にまでなれた。しかし、これからは違う、結果を出さなければゼロだ。いや、マイナスかもしれない。彼は、そのマイナスなんだよ。

あの日も、たとえ前の晩に徹夜をしていても、あそこで寝てはマイナスになる。起きていて、役割を果たしてこそプラスなんだ。そのことを言っているのに分からない。オレは頑張っているんだからいいんだという理屈から抜けられない。

だから、もう会社にとっては彼はいらない人になってしまう。でも、これまでの功績に免じて、温情で、クビとは言わないから自ら去れと言っている。それが彼には分からない。その揚げ句がこれだ。役所の手まで煩わすことになる。その他力本願が問題なんだよ。クビだと言ってくれというなら、いくらでも言ってやる。だが、それでは、工場長まで務め上げたキャリアが泣くだろう。最後まで自分で決断ができないなんてなんて、情けないやつだ。

私は、こんな社長の言葉を婉曲的に伝える役回りをすることになった。しかし、彼はなかなか私の言うことを信じなかった。そして、散々迷った揚げ句に、「解雇ということでケジメをつけた方がいいのでは」という私の反対を押し切って、「とりあえず休養」という指示に従うという選択をした。「このまま退職ということになるかもしれないが、そのことも含めてこの休養期間に考えてみたい」と彼は言いながら帰った。上田は、解雇や「もはや会社にはいらない人」という現実を受け入れられずに、立ち尽くしているようだった。

そして、半月ほど経ったころ、「社長から、『会社にしがみつくのはいい加減にしろ。会社を沈めるつもりか』と言われてしまった」と、上田がガックリと肩を落としてやってきた。こんなに簡単に会社を辞める(させられる)ことになるのなら、自分がこだわってきた会社というのは一体何だったのだろう——。会社にだけ向けていた矢印をようやく自分の方に向け始めた上田には、そんな思いの方が大きくなっていた。

そして、こだわりが取れると同時に、「全部仕掛けられたものだと分かりました。だから、もう頑張り通す気力の方が萎えてしまった」と寂しく笑いながら言った。

NO.3 退職は自分の意思で決める

退職は後始末ではない

暮れも押し迫って、慌ただしさが巷に漂い始めたころに、谷口弘子（38歳）から「会社を今年いっぱいで退職することにしました」との電話が入った。

――いろいろお世話になりましたが、いい会社が見つかりましたので、私の方から辞めようと思っているんです。今回のような場合にはどんな辞め方をすればいいんでしょうか。いろいろあったので、こんな場合には何か特別のやり方が必要なのでしょうか、それとも淡々と普通に退職願を書いて辞める手続きを取ればいいのでしょうか。

彼女の声は弾んでいた。そして、次の人生に踏み出せるという活気にも満ちていた。思えば、この谷口からの相談を受けたのは、もう半年も前になる。

その時、彼女は退職勧告を受けていた。「このまま辞めさせられるのは悔しい」と、彼女が思い余って相談にやって来てから半年、今、ようやく自分の方からの退職によってこのトラブルの結末をつけようというのである。

我々のような仕事をしていると、他人が遭遇してしまった「解雇」や「退職」という悲劇にしばしば立ち会うことになる。そして、その多くの解決は、いわゆる「後始末」であったり、「けじめ」であったり「決着」であったりするわけである。

しかし、そんな中にも数は少ないが、受難をキッチリと主体的に解決して、次のスタートへのスプリングボードにした「再出発」という解決もある。

そもそも、この「解雇」や「退職」という問題に遭遇した時に、「後始末」と考えるのか、それとも「再出発」のための「けじめ」と考えるのかは、些細な違いのように見えるが、実は大きな違いであるような気がする。

解雇に遭遇した時に見られる対応は様々だが、「なぜ、私が解雇に」という驚きから始まる。しかし、彼や彼女への敵意を込めた会社側の低い評価が披瀝されるに至ると、「そんな風に会社から評価されているなら仕方がない。これまで献身的に尽くしてきたのに、会社というものは冷たいものだ」と怒る。

でも、その後のプロセスは「これまでお世話になってきた会社だから」「ある程度こちらの立場を分かって誠意を示してもらえれば、穏便な解決をしたい」という展開をたどるのが一番多いケースである。そうでなければ、「そんな程度にしか評価されていないのなら、身を引こう」になってしまう。果たしてそれでいいのだろうか。

こうした展開の中でいつも考えさせられてしまうことがある。それは、会社が「辞めろ」という形で彼や彼女を全面的に否定してくるのに、それを受けた方は、そのことに驚き、怒ることから始まるのだが、その後は怒りが持続せず、せいぜい解雇を認めた上で会社側に誠意を期待してしまうことが多いことだ。

当然のことだが、会社としては彼や彼女を否定した「解雇」という事実さえ認めてくれるのなら、多少は妥協する。争いの煩わしさを避けるために多少の誠意は、手続きとして取るかもしれない。しかし、出方によっては、わずかの誠意すら期待できないこともある。

次のスタートにつながる辞め方

谷口の場合は、こうした一般的なケースとは違っていた。

――今まであなたを雇っていたのは、多少の同情もあったからだ。40に近い女にこれだけの給料を出して雇っておく会社なんてほかにはない。もう少し分別があって物分かりが良いと思ったのに残念だ。

社長は、幾度かの仕事外の誘いに乗ってこない彼女に退職をほのめかしたのである。彼女は、この数か月の社長の態度にこうした結末をある程度は予想はしていたので、

――社長のおっしゃりたいのは、個人的な付き合いができないのなら辞めろということですか。

と聞き直した。これに対して社長は、

——いや、辞めろなどとは言っていない。ここにいられそうもないなら、次の仕事先を探したらどうかということだ。そうすれば、いかにここで働かせてもらっていることがいいことか分かるだろう。また、自分の立場も再認識できるだろうということだ。

と説明した。

——オレとうまくやっていけば、こんないいところはほかにないぞ。考え直せ。

と肩に手をかけてきた。こんなやりとりをした段階で、谷口は相談にやってきたのである。

——これはセクハラではないでしょうか。でも、具体的に何か被害を受けたという訳でもなく何度か誘われて断っただけで、社長も表面的にはあくまで紳士的なんです。その対応も口では言わないんですが、「雇用を続けて欲しければ、お前の方から迎合してこい」というやり方なんです。どうしたらいいのでしょうか。

確かにセクハラを問題にするやり方もあるが、こんなケースではその主張は非常に困難だ。ただし、辞めることを前提にしてセクハラを問題にしていくのであれば、相手はその主張は認めないにしろ、不名誉な噂を避けるため何らかの妥協はしてくるだろう。

こんな説明に、彼女はいろいろ悩み抜いて考えた。そして、その結論は、

——私には何一つ落ち度があるわけではない。だから、こんな辞め方はできない。今後も働き続けていくことを考えれば、たとえ別の会社に移っても、こんなことにまた遭遇するかもしれない。そこで、ここは辞めるにしても辞めないにしても、今後への納得のいくキチンとした解決を目指し

てみたい。

というものだった。

彼女の闘いは始まった。まず、社長からこれまで指摘されたことのある落ち度を書き出してチェックしてみた。そして、就業規則と照らし合わせて、解雇や懲戒事項にあたるかどうかを点検してみた。

さらに、反論のためにこれまで社長からプライベートに誘われたり、断った日時やそのやりとりも整理をして、いつでもその主張もできるようにした。その上で反撃を始めた。

反撃開始

――いろいろ考えましたが、やはり私が辞めなければならない理由は理解できません。

――本当に分からないのか。胸に手を置いて考えろ。秘書という業務は、社長とあうんの呼吸で仕事をしなければならないんだ。私たちの呼吸が、あうんと言える状態かどうかはキミだって分かるだろう。

その関係を修復するために、忙しい中にプライベートな時間を割いて話をしようとすれば、キミは拒否する態度に出るし、これでは仕事がうまくいくわけはないだろう。少し冷静になれば分かるはずだ。

――社長のおっしゃる意味がよく分からないのですが、仕事上何か私が不都合なことをしたのでしょうか。もし、秘書として何か手落ちがあるのでしたら指摘していただければ直します。あうんと言いますが、もし、私が理解できていないことがあるなら、言葉でしっかりとおっしゃってください。

――そういう態度がいけない。なんでも、そういう頑な態度を取ることが問題だと言っているんだ。大人の女としての気配りや対応を期待していたのに、まあ、あれこれいまさら言っても始まらん。他の仕事を探してくれ。それまでは辞めろとは言わないから。

――解雇なのか解雇ではないのか、はっきりおっしゃってください。

――どちらでもキミのいいように解釈すればいいだろう。こちらはキミにお情けをかけているんだ。次の仕事でこれ以上の条件のところなんかないはずだから……。

――私には解雇を通告されているとしか思えないんですが、それなら解雇理由をはっきりさせて欲しいと言っているんです。その解雇理由によって私も考えますから。

――解雇理由などいくらでもある。ただ、そんなことをしたらキミも傷がつくし、そこはあんまり深刻に考えない方がお互いにいい。まあ、自分で判断したまえ、キミも大人なんだから――。

このようなやりとりが、その後も幾度か続けられた。

こっちから辞めてやる

社長の沈黙無視作戦が始まり、次は仕事の指示がメモによって行われるようになった。そして、こんな状態で4か月もたったころに、事件は起きた。

接待で遅くなった時に、例によって誘いが行われ、いつもより執拗な誘いが、強引なキスと下着に手を入れる行為になった。そして、車をホテルに乗りつけた。

――好きだから、ここまで我慢をしていたんだ。

と抱きつき、それでも抵抗する谷口に暴力が振るわれた。ホテルの従業員が飛んできて、難を避けることができたが、もはや谷口は我慢の限界にきていた。

そして、翌日、バツが悪そうに社長は、

――雇って給料を払っているのに、こんな状態で仕事を続けているのも効率が悪いから、以前のように仕事をするようにお互いに努力しよう。

と、申し入れてきた。そこで彼女は「もう一度、努力してみよう」と思い、仕事の上では以前の状態に完全に戻ることになった。しかし、感情的なしこりまでが消えたわけではなかった。

――もう、ぐったりという感じでした。体重も5キロ近く減って、毎日会社に行くのがやっとの状態でした。でも、何にも自分に落ち度がないのにここで引き下がったら次の仕事だってやっていけない、絶対に負け犬にはなりたくないという気持ちでした。

この会社を辞めるということは、次の仕事を始めることと繋がっているんです。この会社とけじめをつけることは、人生の中の一区切りではあるけれども、それも人生の内容なんです。

だから、人生を引退するわけではないから、決して「潔く」とか、「引き際をきれいに」なんて考える余裕もなかったし、そんな美意識は必要はないと思いました。むしろ、自分の人生を自分でどのように区切るかの方が大切だと思って頑張ったんです。

――いろいろと努力をしてみましたが、無理だと思いますので……。

という彼女の申し出に社長は、

――本当に申し訳なかった。

と言葉少なに謝ったという。

そして、彼女は自分の言っていた通りに、自分の手で退職願を書いて、文字通り新年からは新しいスタートを切ることになったのである。

NO.4 自分流を貫く

職員会議での退職発言

職員会議のやりとりで、感情的になってしまって「辞めます」と言ってしまった。「こんな場合でも、退職の意思表示になってしまうのだろうか？」というのが金井浩美（27歳）からの相談だった。

当日の職員会議録によれば、その日の議題は①園児指導の反省点、②職場の人間関係、となっている。そして「園児指導の反省点」の部分の議事録には、

――園児指導についての議論の焦点は、『個人指導と集団指導の調和について』でした。金井さんは、「個人指導の積み重ねが結果として集団指導となるのだから、個人の指導を中心として園児の指導は行われるべき」との主張で、それに対して高井さんを中心とするほかの多くの職員は、「全体指導を中心に据えて、その集団から飛び出している個人を個人指導によって集団に戻すようにする」という内容のものでした。金井さんは孤立したこともあって、やや感情的になっている様子でした。

と記述されている。

「職場の人間関係」については、

――「教育方針にズレが出てきた時に、職員同士でどのように解決を図っていったらよいのか」という方法論をめぐって、「どちらが正しいのかを徹底的に議論して、一応どちらかの方針に結論を出して臨むようにすべきである。そうしないと指導にあいまいさが残り、園児にも心理的によくない影響を与える」という金井さんの主張に対して、ほかの多くは「議論は議論としてどちらが正しいかの決着は早急に求めず、実践の中でゆっくりと結論を出すべきである。むしろそこで無理に結論を出そうとすれば、その議論が残す感情的なシコリが園児に悪影響を与える」というものでした。

と、記録が残されていた。こんな職員会議の流れの中で金井の、「そんなに私だけが意見が違うなら辞めてもいい」という発言が飛び出すことになったというのである。

――みんなの言い分を聞いていると、私一人が職員の人間関係を悪くしており、園児教育についてもみんなとは違う理屈で動いているということになる。そんなにみなさんがおっしゃるなら、私の方から辞めてもいい。そうすれば、みなさんが納得するんでしょう。

彼女の突然の退職宣言に、追い詰めていた側も一瞬、あっけにとられるような始末で、職員会議は、気まずい雰囲気のまま終わってしまった。そして、数日後、金井は園長から退職願の用紙を渡されたのである。

金井の疑問

こんな経緯で自己退職願の提出をすることになった金井だったが、いざ書くことになった段階で迷った。「あれは、成り行きからの発言だし、直接園長に言ったわけではない。感情的になって言った言葉だったのだが、法律的にはどうなるのだろうか」。これが金井の疑問だった。

相談窓口にやってきた彼女は、開口一番、

――感情的なレベルで言えば、これまでもいろいろと嫌がらせを受けてきたし、我慢できないことはたくさんある。でも、そんなことを話しても愚痴になるだけだと思う。私は素人だから、プロの目からの判断を聞きたい。

と言った。

――確かに、法律的にはいろいろ問題がある。職員会議の場という集団的なやりとりの中で、つるしあげのようになってしまい、そういう雰囲気に押されて退職の意思表示をしてしまったとの理解もできる。また、辞めるしかないという思い込みによってなされたものという考え方も可能である。しかし、ここで大切なことは、使用者に対して行った直接の意思表示ではないことだ。そこで、みんなからの強迫や、状況についての錯誤による意思表示だったとして、撤回を主張することもできる。また意思表示そのものが使用者になされていない以上、退職の意思表示ではないとの主張もできる。

とりあえずは、彼女の希望に沿うであろう答えを幾つか出してみた。うん、うんというように頷きながら聞いていた彼女は、ホッとした様子で、

——そうですよね。私も感情的になってしまったことは反省していますが、それだけで退職というのも変ですものね。

と、応じた。

しかし、事態がここまで来ると私はもう、そうした法律的な問題よりも、職場の人間関係の方が気になっていた。金井が退職の意思を撤回したら職場がどのように受け止めるのだろうか、そんなことを私は気にかけていた。

そしてむしろ、彼女が退職の意思を撤回をするとしてその後、この職場とどのように折り合いをつけていくことができるのだろうか。職場の仲間たちが彼女を受け入れることができるのだろうか、ということに焦点は移っているような気がしていた。

誰も彼女を受け入れない

こんな疑問を抱え込んだまま、とりあえず園長を訪問することにした。案の定、即座に返ってきた園長側の言い分は、

——この意思表示の有無にかかわらず問題はもう限界を超えている。職場の同僚との協調性もないし、自己主張が強すぎる。もし、退職の意思がないのであれば解雇する。

という厳しいものであった。

園長のメモによれば、「①集団的教育の役割に対する認識が弱く、個別的対応に固執し続ける。注意をしているが『現場を知らないからそのように言う』と反論して、改める様子がない。②業務打ち合わせで決めた方針を守らず、自分のやり方にこだわる。③アメリカでの教育の勉強を吹聴して同僚との協調性を欠く。④現在の人間関係を見ると、とても近い将来での修復は可能とは思われない」などとなっていた。

そして、園長は、

――何よりも、20名を超す職場の誰もが彼女に同調していないのです。私が彼女を取れば、園を解散に追い込むことになるかもしれません。

と胸を張って、念を押すように言った。

こんな四面楚歌の立場にある金井に、「もし、職場復帰を望むのなら、こうした園長の意見や職場の意見に反論して闘うことになるが――」と、前置きをした上で、一応反論を聞いてみることにした。

――そもそもは、私が集団的な生き方になじまなかったということなんでしょうね。最初から、園長のいないところでコソコソと悪口を言い、本人がいるところではペコペコする何人かのベテラン職員と意見が合わなかったのが最大の原因だと思います。

教育のやり方についても同じで、私は少し遅れがちな幼児をなんとかみんなと一緒に頑張れるように引き上げることを中心に考えているのですが、彼女たちは、教育熱心なことを言ってくる父兄の子どもに焦点を当て、上の方の子どもを中心に教育を進めるという無難なやり方を集団的ということでやっていこうとしているんです。

そして、何よりも決定的だったのは、私がみんな陰で言っている労働条件の不満について職員会議でじかに園長にぶつけたことです。その時、私は「みんなが望んでいることですから改善して欲しい」と発言したことについて、園長の側からはもちろんですが、職員の側からも非難されてしまったんです。

園長はその後、ベテランの職員を中心とする何人かの職員に聞き回って、確認した上で、「誰もがそんな主張はしていない」と反論し、また職員は「あなたのせいで園長から詰問された。あんなやり方ではなく、園長の機嫌のいい時に言い出して穏便に解決するこれまでのやり方をすればいいのに、あなたはこれまでのやり方を壊してしまった」と非難されたんです。

こんな、すべてがナアナアで自分が大切、表面上は忠誠を誓っているような顔をして裏では足の引っ張り合いをしている。こんなことがたまらなかったんです。ある意味では園長も被害者だし、もっと気の毒なのは若い職員たちですよ。「逆らえば金井のように辞めざるを得なくなるぞ」って、もう脅しが入っているようですよ。

その後、金井の使用する器具が頻繁に壊されたり、物がなくなったりということが続いたという。

——こんなやり方に我慢ができない。こんなアンフェアなやり方に腹が立つ。

金井は悔しそうにつぶやいた。

自分のやり方で生きるしかない

金井の言い分にも一理あるようである。アメリカ生活が長かった彼女の生活感覚が日本の集団主義という「ことなかれ集団」とハレーションを起こしてしまったという解釈ができそうだった。そして、日本の集団主義がその最大の武器である村八分の機能を発揮し始めたということらしいのである。

しばらくして、そんな事実を裏づけるような内容の、若い職員から匿名の手紙が金井に届いた。

――私たちも本当は金井さんが正しいと思っています。でも、それは今、口に出すことはできません。表面では何も言われてはいませんが、あなたは1級の免許を持っているから対等に意見が言えますが、私たちの多くは2級免許で、何かにつけて「2級のくせに、悔しかったらちゃんと1級を取ってからものを言いなさい」と言われ続けているのです。そして、そうした資格がすべての世界でもあるのです。

それともう一つ、絶対に許せないのは、今回の出来事は園長とベテランの何人かがグルでやっているのではと思われることです。金井さんもご存じのように、職員会議での労働条件問題の直訴以来、園長は金井さんが労働組合をつくるのではないかと極度に恐れています。そして、それを吹聴しているベテラン職員がいます。この人たちの利害が妙に一致しているのが不思議なのです。あなたが来てから、職場の雰囲気は少しずつ変わってきています。いろんな意見があるということ、そして、それぞれが声を出してもいいんだということが職場に浸透し始めてきていることが分かります。しかし、こうしたことが気に入らない人たちも確実にいます。

こんな中で「いつか金井を辞めさせてやる」と言っていた職員や、「必ず退職に追い込んでやる」と息巻いていた人たちの名前も分かっています。こんな人たちに負けないでください。私たちのためにも頑張ってください。絶対に辞めないでください。

しかし、この手紙を受け取った金井の考えは、むしろこの手紙の主の希望とは反対方向に揺れた。

——どうして、こんなに若い人たちは臆病なのだろうか。なぜ、私がこうした人たちのために職場にとどまらなければならないのだろうか。みんな、自分のために、自分たちの考え通りに、なぜ行動しようとしないのだろうか。

そして、彼女の出した結論は、

——私がここに頑張って残っても、もう何もすることはないでしょう。手紙をくれた彼女たちも自分のために何かをすることを考えなければ何も変わらない。人をあてにして自分は何もしないというのでは……。私は私のやり方でこれまでやってきた。今後も私のやり方でやっていきたい。

ということだった。

どちらも正しい

もう少し、金井とほかの職員たちのやりとりを詳しく再現してみると、おおよそ次のようになる。

――そもそも教育というものは、教える側が、キチンとした理論による一貫した指導という理念を持って行われなければならないものです。それを一時の感情に押し流されて、行き当たりばったりになってしまったり、思いつきや経験だけで行っていくと、どこかで破綻がきてしまいます。私たちは、そうした一貫した理念をもって教育を進めるために、教育方針について絶えず議論をしていくべきなのです。そして、それが使命の一つなのです。

――金井さんの言うことは理屈としては理解できるが、ここは大学ではなく、園児を預かる幼稚園なのだということを忘れている。そうした高邁な理念も結構だけれども経験を大切にして、現実的な対応も忘れないようにしなければならない。

――ふた言目には「経験、経験」と言って、キャリア優先で進めるなら、古い人が中心となって衰退してしまう。世の中は変わっており、幼児教育の分野でも、さまざまな新しい理論や実践が行われている。こうした新しい芽を摘んでしまって、古い感覚だけで運営されるのはたまらない。

――すべての変化を否定しているわけではないが、あまりにも性急な変化や議論、そして理念だけの発想では実際の幼稚園の運営は無理だ。数多くの幼児に接して、肌で覚えてきた経験則を大切にしながら、堅実にやっていくことが一番だ。

――職場の人間関係だって、どちらかと言えばナアナアで、けじめというか真剣さに欠けている。だいたいお互いに干渉し合わずに、なれあいですべてが進められているようなのだ。そのくせ、陰では相手のやり方について悪口を言い合っているのだから、どうしようもない。そんなことなら、面と向かって主張し合えばいいのではないか。

――あくまでもそれは愚痴だし、陰口だ。自分への反省も込めてボヤいているだけで、相手に対する攻撃ではない。

ところが、金井さんのやり方は、相手に対する攻撃で、自分だけは正しいという独善に満ちたものだ。そうしたやり方は、集団的な人間関係では極めて危険なものとなる。現に、金井さんのやり方で、退職していった人もいるし、職員の中にも嫌がっている人がたくさんいる。そうした我慢している人たちのことも考えた方がいい。

――そうした個人攻撃をするのはおかしい。それぞれの問題にはいろんな原因や要素が入っているのに、職場の人間関係の悪化について、何もかも私に原因があるかのように言うのは問題だ。私にそうした全責任を負わせようとすることには納得できない。

――全部があなたの責任だとは言っていないが、ほとんどはあなたが原因になっているとみんなは思っている。問題は、あなた自身に自覚がまったくないことだ。そのことにみんな辟易している。

こんなやり取りを聞きながら、どちらが正しくとも、いや、どちらとも正しくたって、いじめは起きるのかもしれないと考えていた。そんな彼女の出した結論は、〝やっぱり自分流で私は生きていくしかない〟というものだった。そして、1週間もしたころ、彼女は退職願を出した。

第2章

職場にパワハラがやってくる

1　パワハラが話題になってきた

(1)〝職場のいじめ〟が労働相談のテーマになる

労働相談の窓口に労働問題に関連して〝いじめ〟が持ち込まれる、いわば労働問題のパワハラ化現象が起きている。こんな状況は、いつのころから、なぜ起きてきたのだろうか。東京都の労働相談も、こうして寄せられる〝職場のいじめ〟相談に対処すべく、平成7年には「職場の嫌がらせ」という相談項目を新たに設けている。

労働相談が問題発生後の後追いという宿命をもっていることから、この平成7年を職場のいじめの起源とすることはできないのはもちろんである。しかし、時代を敏感に反映するのも労働相談であることを考えると、この前後に激増し始めてきたことは事実だろう。現にこの項目を設定した翌年には、相談件数が急激に伸びていることも指摘されている（表1参照）。

一方、その後の「職場のいじめ」という項目の時系列的な数字を追いかけてみると、年々増加していることが分かる（表2参照）。平成14年には、平成7年との比較で、実に3倍に増加している。労働現場での「嫌がらせ」というくくりで、これだけの相談が寄せられている現状に驚きを感じざるをえない。言葉を与えられたことによる効果もあろうが、労働問題に絡みあって表出し始めた職場のいじめの現状があらためて想像される数字である。

表1　増加率（対前年度）の高い項目上位3位（平成8年度）

	項　目	項目数（前年度・対前年度増加率）
1位	退職強要	1,562項目（1,151項目・35.7%）
2位	労働時間	2,303項目（1,755項目・31.2%）
3位	職場の嫌がらせ	1,404項目（1,114項目・26.0%）

表2　「職場のいじめ」相談件数の推移

年度	平7	平8	平9	平10	平11	平12	平13	平14
項目数	1,114	1,404	1,777	1,903	2,170	2,671	2,711	3,160

(2) リストラと〝パワーハラスメント〟

今日の労働問題の中心を占めるテーマとの関係で、いじめを取り上げるとすれば、欠かせないのは「企業リストラといじめ」ということになるだろう。

いつの時期から職場のいじめが出てきたのかという点に関しても、そこにこの平成不況とリストラが関与していることは否定できないだろう。すでに見てきた数字の変化からも分かるように、平成不況に入る以前から職場のいじめはあったにせよ、そのことを増幅させ、問題化させたのは、まさしくこのリストラにほかならないからである。

リストラによる解雇は、通常の解雇とは違い、本人の非が問題になる訳ではない。だから、一言で言えば「あなたが悪いから解雇になる訳ではない」ということになる。したがってそこには、必ずといっていいほどに、ある種の理不尽さが伴う。そして、それがパワーハラスメントになるのである。

労働問題として言えば、もっぱら会社の都合によって解雇になるのだとすれば、そこには何らかのルールが必要となる。そんな争いが繰り返され、裁判を重ねる中で言われるようになってきたのが、整理解雇の4原則である。

少なくとも、整理解雇をするならば、①整理解雇の必要性が明確で、②解雇回避のための努力をした後で、③整理基準と人選が合理的であることが必要で、④そのことについて労働者との協議を尽くした上でなければならないというものである。

しかし、「こうしたルールを守っている余裕などない」というのが経営側の言い分であるから、そこにはいろいろな確執が生じてくる。その究極的な対応が「それなら、解雇ではなく自分の方から辞めたということにすれば問題はないだろう」ということである。

「自分で辞めた」ということにする一番有効な手段がパワーハラスメントであり、職場からいびり出すという方法である。そこで、「辞めさせたい」側と「辞めさせられてはなるものか」という側の激しいやりとりが繰り返されることになる。その、メーンターゲットこそが、昨今悲劇的な話題の主役になっている中高年労働者だった。

そしてこうした中高年労働者のリストラが、いじめ問題と絡むことによって、より悲劇性が高まり、マスコミに多くの話題を提供することになったのである。まさにパワハラの象徴的な出来事でもあった。

2 何がパワハラを表面化させたのか

労働相談の時系列的な傾向を追いかけて見ると、リストラが職場のパワーハラスメントを顕在化させてきたことが分かる。いじめが問題化し始めたのが、平成不況やリストラの進行と軌を一にしており、それと同時進行的にいじめについての相談が増加の一途をたどってきているからである。

とはいえ、いじめの概念についての共通の理解がされておらず、これに対する有効な対策や法的な規制がいまだ確立しているわけではない。むしろ、対策は今後の課題であり、しかも緊急課題となり始めている。

そこで、とりあえずは、企業リストラ絡みのいじめなどがどのように労働問題として争われているかについて概観してみる。パワーハラスメントとしてのいじめには、何らかの自由意思を否定する力が働き、当人にとっては理不尽で一方的な処分などとなる。そこで、まず「退職が自己の自由な意思ではないこと」や「会社の処分が不当、理由がない」などが争点となっている裁判のケースを中心に見ておくことにする。

◇◆◇追いつめられて合意した退職願◇◆◇

――従業員Aは、工場長から懲戒処分が検討されている旨告げられたりしたことから、絶望的な心理状態になって退職願を提出したと主張した。しかし、裁判では、「退職に先立ち退職金及び賞与等の取り扱いについて質問、要望を述べ、確認し、早期退職制度の適用の有無について照会しており、退職願を自書した上印鑑を取りに行って捺印し、その後私物を整理して帰宅していることからすれば、従業員は終始冷静に判断して行動しており、なお自己都合による退職の意思になんら変わりがなかったものと推認され、工場長らの発言により畏怖し、絶望的な心理状態に陥って正常な判断能力を失い、退職願を提出するに至ったものとは認められない」とされた。

ネスレジャパンホールディング労働契約上の地位確認等請求（控）事件（東京高裁判決 平13・9・12）

◇◆◇大学教授のセクハラによる辞職願い◇◆◇

大学の教授Bは、学生を引率した中国研修旅行において、研修先の職員等もいる中で複数の女子学生の胸を触ったり、キスしたりしたとされ、教師としての適格性が問題とされた。こうした中で追いつめられ自ら退職したが、自分の自由な意思ではなかったと主張した。

「教授会が教授の行為を厳しく処断すべきであるとし、理事会がこれを尊重しようとしたことに十分理由があり、理事長が解職することを告げ、解職された場合の不利益を説明したとしても、虚偽の事実を明らかにしたものではなく、違法ということはできない。辞表は教授としてのそれ相応の判断で提出したもので、学園の強迫によるものとは認めることはできないから、教授も退職の意思表示の効力を否定することはできない」とされた。

相愛学園地位確認等請求事件（大阪地裁判決 平13・9・28）

◇◆◇既婚女性に対する低査定を行った◇◆◇

既婚女性の勤続を歓迎しない会社が行った人事考課において、既婚であることのみをもって一律に低い査定を行ったことについて、「人事考課・査定が昇格に反映され、賃金等労働条件の重要な部分に結びつく人事制度の下では違法な行為となる。産前産後休業、育児時間に労働がなされていないことをもって労働の質及び量が低いのであれば、既婚者と未婚者との間で人事考課・査定が異なるというのは、法律上の権利を行使したことをもって不利に扱うことであり、許されない」とした。

住友生命保険地位確認等請求事件（大阪地裁判決　平13・6・27）

◇◆◇遠隔地への転勤を拒否した医師の降格・減給処分◇◆◇

病院に専門診療科が開設されるまで近隣の病院で産婦人科部長として勤務するという契約をしていた医師Cが、病院経営者から打診された遠隔地の病院への転勤を拒否したため降格処分を受けた。

この降格処分を不当と主張したことに対して裁判では、「雇用契約に違反した転勤命令が理由であり、無効である。また、降格処分に基づく減給処分も根拠がない」とした。

徳洲会建物明渡・地位確認等請求事件（大阪地裁判決　平13・2・2）

◇◆◇業績評価が低いことで降格処分された◇◆◇

従業員Dは人事評定及び業績評定が長年低いとされて降格処分にされた。またこの処分とその公表も不当として訴えた。裁判では、「監督職にある従業員の能力を評価するうえで負の評価を受けてもやむを得ないものであり、降格処分をしたことが違法であると認められず、事業所の所定の掲示場所に降格処分を告示したことが従業員の名誉を毀損する意図でなされたとは認める証拠がない」とされた。

マナック損害賠償請求（控）事件（広島高裁判決　平13・5・23）

◇◆◇懲戒事由の不明確な出勤停止及び懲戒解雇◇◆◇

口頭注意がなされただけで、始末書の提出も求められなかった些細なことが、懲戒解雇に発展してしまったケースでEは、「訓告処分を行ったことも明らかにされていないことからみて、訓告処分の存在を認めることはできない」と主張した。

裁判所は、「懲戒事由がないのに行った出勤停止処分は無効であり、指示がないのに報告しなかったからといって職務命令に違反する行為に当たらず、会社の信用が毀損されたこともないことから、懲戒解雇事由がないのに行った懲戒解雇は無効である」とした。

東陽社製作所地位確認等請求事件（東京地裁判決　平13・6・11）

◇◆◇必要かつ合理的でない整理解雇◇◆◇

会社は、経営が悪化した状態にあり、これを打開する必要があるとして整理解雇を行ったが、その必要性の有無が争われたケースで、「必要性があったことが認められるものの、解雇が行われた年に新規採用を行い、翌年の新規採用予定者を内定するなど、従業員らを解雇して新卒者を採用するという従業員の入れ替えを行っており、経営上従業員らを解雇して人員削減措置をとらざるを得ない必要性があったとは言い難く、解雇に先立つ希望退職募集あるいは退職勧奨が、評価が同じ、あるいは低い者が解雇の対象となったと認めるに足りる資料もなく、従業員らより評価が低い者がいたにもかかわらず従業員らが解雇の対象になっており、解雇は、会社の経営上やむを得ない必要があり、かつ、合理的な措置であったとはいえない」とされた。

オクト地位保全等仮処分命令申立事件（大阪地裁決定　平13・7・27）

◇◆◇理由のはっきりしない解雇◇◆◇

事務所の経営が経済的に困難であり、訪問先件数などから従業員の能力にも問題があるとして解雇されたFが、解雇は不当として争ったケースで、「従業員を解雇しなければならないと認める疎明はなく、雇用が恩恵的な色彩が強いものであったとしても、従業員が特段の理由もなく解雇されると解することはできず、従業員の担当顧問先が他の従業員より少ないからといって、直ちに従業員の能力や就業態度に解雇がやむを得ないとするほどの理由があったとまで認めることはできない」とした。

江角税務会計事務所地位保全等（仮）命令申立事件（大阪地裁決定　平13・7・27）

◇◆◇期待した技能のない従業員の解雇◇◆◇

会社は、事実上経理を一人で担当していた従業員の退職に伴い、一定の経験、技能を有する即戦力となる経理担当を募集し、Gを採用した。ところがGは会社が期待した資格と能力がなかったとして解雇された。

解雇を不当とするGの訴えに、裁判所は「従業員を採用したのは、従業員が日商簿記二級の資格を有していることに着目したからであり、従業員がこのような資格を取得しておらず、その資格に見合うだけの技能を有せず、実務に耐えうる水準の知識も有していなかったことを認識していた場合には従業員を採用していなかった可能性があり、従業員が自己の給与のみを増額させるような行為を行っており、従業員の適格性を疑わせる事実として軽視することはできず、解雇権を濫用したものであるとは認められない」とした。

新興・坂本地位保全等（仮）命令申立事件（大阪地裁　平13・7・31）

3　パワーハラスメントの諸相

すでに触れたように、いじめの現れる場面は多様であり、ありとあらゆる仕事の場面に関連して現れる。まずはそれがどのようなものであるのか、ランダムに私の取り扱ったケースを見てみることにする。

ケース❶ 職場で「無能力」「協調性ゼロ」のレッテルを張られて

原田忠彦（26歳）は、当初は職場で上司から「仕事が遅い」「間違いが多い」などの叱責をうけていたが、そのうち上司だけでなく、後輩からも馬鹿にされたり、からかいの対象になってきた。

発端は、上司との仕事上の意見の食い違いからだったが、だんだん後輩をも巻き込む形に発展してきた。具体的には、原田が休暇の申請をすると「休暇を取るときは、同僚たちに断って、仕事に支障が出ないようにするものだ」と言われ、後輩たちに「休暇を取りたいのですが、よろしいでしょうか」などと頭を下げさせる。

これまでは原田のやっていた簡単な仕事を、これ見よがしに「原田には難しすぎる」と言いながら後輩にさせて、「あいつに仕事のことを聞いても役に立たない」というようなこともあった。

上司が原田につらくあたっているだけだと思っていたが、こんなことが繰り返されるうちに、原田は村八分のような状態になり、何か問題が起きると「原田じゃないか」などと言われたり、物がなくなると「原田が隠したに違いない」とか「原田が盗んだ」とまで言われた。

こんな状態にいたたまれなくなって、会社の役員に訴えたところ、逆に「キミの評判は悪いよ。『無能力である』とか『協調性がまったくない』という噂がある」と言われてしまった。

上司は、「実は、キミは社内のすべての人間から嫌われているんだ。前の職場でも『協調性がない』ということで総スカンを食らったので、やむなく経理部で引き取ったんだが、反省がない。ここでも、同僚たちとはうまくいかず、上司にも反抗的な態度をとるので、もうどうしようもないと判断している。胸に手をあてて、自分のやってきたことを考えなさい。そして、すべての人がキミを嫌っている中で、これからも、この会社で仕事を続けていけるかどうかを考えたほうがいい」と宣告されてしまった。

ケース❷ 組織を一新したい二代目社長に嫌われて

伊藤一樹（52歳）は先代社長の代から経理事務をしており、会社では最古参だった。こんな伊藤が社長からいきなり「自主退職をするか、懲戒解雇を選ぶか考えて来い」と言い渡された。きっかけは、すでに入金されていた取引相手に、手違いで二重請求したことがトラブルとなり、その対応をめぐって社長と言い合いになってしまったことだった。

「あなたの二重請求ミスはこれまでもあり、見逃しにできるものではない。もしそのままで、私が気がつかなければ、あなたは着服していたかもしれない。そうなれば犯罪である。また、こうしたことを再三繰り返すようであれば、当然信用問題に発展する可能性もある」というのが社長の言い分であった。

これに対して伊藤は、「これは、社長の私を辞めさせるための嫌がらせの一環だ」と主張した。彼によれば、「不況でここ2、3年成績の上がらない状況から、社内体制の一新を主張し始めた社長は、最古参でもある私を会社から追い出したがっており、数々の嫌がらせをしてきた。我慢してきたが、いよいよ奥の手の解雇を出してきた」と主張した。

彼によれば、「最近2、3年、社長は私とまともに口もきかず無視し、大切な伝票も意図的に渡し忘れたり、取引先の重要な情報を隠すことも多かった。こうした中で、いわば起こるべくして起きた事件だ」と言う。

ケース❸ 煙草の煙に耐えられないことを承知で席替え

金山元彦（31歳）は、極度のアレルギー体質で気管支も弱いため、職場環境について配慮をしてくれるように会社に頼み続けてきた。前の支店長は「アトピーの息子がいるのでよく分かる」と、更衣室やトイレでのスプレーの使用の自粛や職場での喫煙についての配慮をしてくれていたので安心して勤務してきた。

ところが、支店長が健康管理に無理解な人に代わった。今度の支店長は「そんな一部の病人に職場を合わせることはない」という考え方だった。「むしろ、それは心の病気なのだから、逆療法で直してやろう」と公然と言い、「一切の配慮は無用だ」と、机の配置も意図的に喫煙者に囲まれる位置に置かれてしまった。室内もこれまでは禁煙に近い状態であったのが、緩やかになってしまった。接客についても、喫煙者に対しては金山を出さないという配慮もなくなり、日々アレルギーに悩まされることになった。

こうしたやり方に、我慢しながら勤務していたが、ある日こらえることができずにトイレに飛び込んだときに、スプレーを使用している人がいたため、そこで倒れてしまった。

その事件後も、対応は変わらず、逆に「仮病ではないか」とまで言われて、辛くなってきたので、病院に行って診断書を提出した。ところが、その診断書には「化学物質過敏症、気管支過敏症、自律神経失調症など」と書いてあったことから、「全部過敏症であり、自律神経失調症というのは典型的な気の病気だ」と言われてしまった。

自前で空気清浄機などを購入して机の上に置くなど自衛策を講じているが、このままの状態では辞めることになる。一人暮らしでもあり、職を失うと明日の生活にも困る。

ケース❹ 退職を申し出たら休暇も認めず、退職手続きでも嫌がらせ

寺田誠二（48歳）は無線工事技師として働いていたが、不況で会社が人員整理を断行したために人手不足になり、仕事がきつくなっていた。勤務地である東京から博多へのグループでの出向を命じられたが、計画されている仕事が膨大で、とてもこなせる量ではなかったので辞退した。

会社はこうした態度を快く思わず、上司からも再三「こんな折だから、頑張って何とかやって欲しい」と言われたが、できないことがはっきりしており、悪い結果が出れば責任を問われることも分かっていたので固辞し続けた。

こんなことがあって会社と気まずくなり、先が見えてきたことから、募集されていた希望退職に応募した。しかし上司から、「キミの場合は、会社の計画を駄目にして、会社に多大な迷惑を与えたので、希望退職扱いはされない。場合によっては懲戒解雇になる」と言われた。

そして、現に懲戒委員会が開催されて、議題になっていることが分かったので、「もし、そのような決定がされるようなら、出るところに出て争う」と強く申し入れた。その結果、「何らかの処分は考えるが、懲戒解雇にはしない」ということで、とりあえず自己退職は認めることで落ち着いた。

しかしその後、残された有給休暇の申請をしたところ「処分を検討されている者に権利はない」と認められなかった。そして逆に、「素人にでも理解できるような引き継ぎ書を退職までに出せ。もし、出せなければ退職は認められない」と言われ、退職の日付は空欄にさせられた。

その後も、「引き継ぎ書が不十分だ」「退職金は不況で払えない」「こんな辞め方をして、退職にかかわる手続きを会社にしてもらえると思っているのか」「この辞め方は、次の就職に影響するぞ」などと嫌がらせを受け続けた。

ケース⑤ パソコンを個人貸与されない、メガネの使用禁止などのいじめ

大手不動産会社に勤務する町田沙織（37歳）は、設計のことで上司の間違いを指摘したところ、「生意気なやつだ」と言われ、それを根にもった上司から、その後も執拗にいじめられた。

会社は社員に鑑定士試験を受けることを奨励している。受験のために各種の優遇措置を取ったり、

仕事上の便宜を図っているが、町田ははずされた。理由を聞くと上司は「町田くんには資格はいらない。もはや十分な力がある」と言った。

また、個人宛に貸与されるはずのパソコンが与えられず、「派遣の女性の手が空いている時にそれを使うように」と指示された。仕事でどうしても必要なので「必要だ」と言うと、「あなたほど優秀な人にパソコンは必要ないでしょう」などと言われている。

派遣女性は業務としてパソコンを使っており、空く時間はほとんどない。仕方がないので、自分のパソコンを持ち込んで仕事をしていると、今度は「パソコンと弁当は自分持ちか」などと嫌味を言われる。

容姿についても、「あなたはメガネをかけているとただでも暗いのに、一層暗くなるのでコンタクトに変えたほうがいい」と言われた。もともと弱視でコンタクトは無理だと言われた経緯もあり、恐らく使えない。現在使っているメガネは外国製の高いものだし、それをやめてコンタクトにすれば費用も馬鹿にならない。

こうした差別的な扱いを受け続けるうちに、神経症になってしまった。軽いものなので、医師と相談の上、通院しながら仕事を続けるつもりにしていたが、会社は休職して治療に専念するように言ってきた。

休職などしてしまえば辞めさせられると思い、あくまで休職を拒否していると、会社は業務命令で、会社の指定医に診断を受けるように指示してきた。上司は指定医を使って、どうしても休職に追い込み、辞めさせようとしているとしか考えられない。

ケース❻ 書庫の整理の仕事をさせられ、「潔さも必要」と言われ

大手研究所に勤務している内村恵子（32歳）は、所長に呼ばれて「この研究所もリストラが必要になってきた。あなたのご主人が英国に留学すると聞いたが、一緒に行ったらどうか」と言われた。「夫と私では研究テーマも違うし、それぞれの人生ですから、英国にはついて行くつもりはない」と断ったところ、嫌がらせが始まった。

「そもそも、あなたについては才能があるとは思えないが、頼まれたのでこれまで置いてきた」「ご主人の学問的な将来のことを考えれば、ここで内助の功を発揮しておいた方がいい」「あなたには学問的な期待ができない。〝潔さ〟も必要だ」などと言われ続けた。

こんな嫌がらせに耐えて我慢していると、最終的に、「悪いようにはしない。2、3年で別の研究所を紹介するからここは潔く……」と言われた。しかし、夫とは離婚の可能性もあり、自分で経済的な自立を考えていた時だったので、悩んだが拒否した。

すると、研究所の資料整理に回され、これまでの研究グループからはずされた。資料整理とは名ばかりで、倉庫に入って意味のない資料の分類や、あるかどうか分からない資料探しをさせられる毎日となった。

2～3か月で倉庫の湿気や窓のない閉塞感の中で神経的におかしくなり、半月ほど休んだところ職

務不適格として、「自己退職」を求められた。

ケース❼ 机の引き出しに汚物を入れられ、「パートに身分変更する」と言われる

診療所に事務職員として勤務していた丸岡文子（32歳）は、職場の先輩である看護師と気まずくなり、口をきいてもらえなくなった。周囲もその看護師を恐れて彼女に加担するため、完全に孤立した。いじめはエスカレートして、机の引き出しに汚物（使った脱脂綿など）やゴキブリの死骸が入れられたりする事件が起きた。また、大事な書類が紛失し、しばらくしてから出てくるという不思議な事件も起きた。

こうした出来事を事務長に訴えたが、取り合ってもらえず、「思い違いではないか。誰が一体そんなことをするのか」と言われた。そこで、これまでの経緯を話したが、「証拠もないのに、そんなことを言えば、逆に問題にする」としかられてしまった。

陰湿なやり方をされ、なかなか証拠をつかむこともできないので、自衛のために机に鍵をかけたり、書類も独自に保管したり、家に持ち帰るなどの対策をした。しかし、それがかえって職場で話題になり「異常な行動」と言われたり、「危険人物」扱いを受けることになってしまった。

周囲の対応に限界を感じたので、やむなく警察に電話をしたところ、「物的な証拠があれば捜査をしてもいい」と言われたので、そのことを事務長に告げ、「場合によっては、警察を呼ぶ」ことを職場にも公言した。

すると、事務長から「あなたが職員でいるといろいろとトラブルが絶えないので、パートに身分を変えてみたらどうか」と言われた。パートになれば、当然に給料も下がるし、生活の保障がなくなることから「制裁的な身分変更は認められないし、相手側に非があるのだから相手を処分すべき」と主張したが認められない。

ケース❽ しつこく交際を求められ、拒否したら倉庫勤務に配転

製薬会社勤務2年目の向井秀代（19歳）は、工場長から飲み会のあとホテルに誘われた。断ったが「茶髪の女は、『好きだ』と聞いている」とか、「オレに逆らうと、次の異動できついところに行くことになる」などと言われ、その後も飲みに行くことや、花火を見に行くことを誘われた。

断り続けて、周囲にも相談したため、噂になりはじめた。すると工場長は態度を一変させて、「仕事ができない」「男関係が激しい」などと言い、最終的には「事務の仕事は向かない」と、倉庫に配転した。

男性中心の職場で、卑猥な言葉を掛けられたり、身体に触られることもあった。そんな職場環境に不満はあったが、頑張っていると工場長から呼び出しがあり「見せしめとして異動させた。身体がきつくて、そろそろ音を上げるころだと思うが、どうだ。言うことを聞けば戻してやるぞ」と言われた。

少し辛くなっていたところだったので、「少し辛い」と話すと、その後も執拗に誘われるようになり、勤務時間中に外から電話で「今、出張で出ている。理由は何でもつけてやるから出て来い。これ

からホテルに行こう」などと露骨な誘いを受けるようになってきた。

仕事に関連させていろいろ言ってくるので、なかなか拒否が難しい。周囲もうすうす気づいているようだが、工場長を恐れて何も言わず、見て見ぬふりをしている。

ケース❾ 天下り役人ににらまれて慰安旅行からはずされる

T省の外郭団体に勤務する篠田真由子（26歳）は、天下り役員の口利きで、T省の職員と見合いをしたが、しばらく付き合って別れた。その後も役員の薦めで、再三交際の継続を求められたが、拒否した。

しばらくすると、その役員が篠田について「可愛い顔をしているが、性格が悪い」とか「頑固で融通がきかない」などと噂をするようになった。気を回した団体の幹部が「役員に謝罪して、関係修復をしないと働き続けるのが難しくなる」とアドバイスをしてくれたが、受け入れることができなかった。

すると、団体の幹部の中にも「この団体の置かれた立場を篠田は理解していない。このままでは、大変なことになる。自分で責任がとれるのか」などと、露骨に話す者も出始め、篠田に対する態度を全員が変え始めた。

そして運悪く、休日に車を運転していて追突されてムチ打ちになり、しばらく入院して、休業することになった。見舞いにきた同僚の話から、「篠田の見舞いには行くな」と足止めされており、全体で篠田を無視しようという雰囲気になっていることを知った。

ムチ打ちが治って「職場に行く」という連絡をしても、「完全に治るまでは出て来なくともよい」と言われ、さらには「少し様子を見てからの方がいい」などと、職場に戻ることについて1日延ばしにされた。ようやく了解が取れて、職場に戻ったが「仕事はしばらくしなくともいい」と言われ、雑用しかさせてくれない。

慰安旅行が予定されていたので、当然に参加する予定にし、参加の希望を幹事に伝えると、「篠田は連れて行けない」と役員から言われていることが分かった。理由は、①篠田が行くと職場の雰囲気が悪くなる。②休業していて、ろくに仕事もしていないのに、旅行だけは参加するのはおかしい。③旅行にはT省から金一封が出ており、T省の手前、篠田は連れていけない。などというものだった。

ケース⑩ 父親の看護で転勤できないのに転勤命令、組合も同意した

会社は不況による部門整理の一環として、製作部門を群馬に統合する方針を決めた。北村潔(46歳)は製図設計技師として働いていたが、心臓疾患を抱える父の看護のため東京を離れることは困難だった。

このことについては組合も知っており、会社との交渉が進む中でも組合に相談し訴えてきた。しかし、会社と組合の合理化計画の合意を契機として、組合も「組合が合意した以上、これは組合の方針でもある」として、「何が何でも行って欲しい」と言い出した。

このままでは辞めざるを得ないので、会社にはその旨を伝えたが「辞めることは勝手だ」と言い、

何ら考慮してくれない。仕方がないので「これは、会社の都合で辞めざるを得ないのだから、会社都合の扱いにして欲しい」と言うと、「会社の合理化計画に逆らうのだから、会社都合というわけにはいかない」と言われた。

組合も「自分たちの方針も全員が群馬に行ける条件の確保であり、あなただけが逆らうのだから、あなたのわがままを会社に主張するわけにはいかない」と言う。そうこうしているうちに、会社は移転計画と異動の内示を一方的に発表してしまった。

組合も「いつまでもわがままを言わずに行ったらどうか」と言い、会社も「父親の看病というのは信じがたい」とまで言うようになってきた。会社の強気は組合の後押しがあるからで、これは組合と会社がグルになったいじめであると北村は主張した。

第3章

パワーハラスメントの特徴

最近になって、このパワーハラスメント（職場のいじめ）がにわかに社会問題化する傾向を見せている。モラルハラスメントやモビング、スピッティングなどという呼び名で諸外国での取り組みが紹介されて、日本でも注目され始めてきた。

しかし、こうした新たな取り上げられ方で話題となっているが、誰もが感じているように、これは決して最近にわかに起こった問題ではない。昔からある問題であり、その意味ではまさに〝古くて新しい問題〟なのだと言える。

しかも、すでに触れたように、〝いじめ〟は、職場に限らずありとあらゆる集団に起こりうる人間関係の軋轢現象の一つであると言ってもいい。だから最近になって、ことさら職場のいじめがパワーハラスメントとしてクローズアップされてきたことには、その背景に職場の人間関係のそれなりの変化があると考えられる。

そしてそれには幾つかの特徴が見られる。これまでは、未整理のまま実態を見てきたが、ここでは最近のパワハラをその特徴に注目して幾つかの分類を与えてみることにする。

その第一は、なんと言ってもリストラ絡みのいじめであろう。すでに幾度か紹介してきたように、中高年に対するリストラの中での、解雇や退職強要といういじめの横行が一つの流れとなっている。

第二には、第一にも深く関連するが、職場の労働強化に関連するものである。希望退職や配転、そしてノルマ強化などといったリストラ絡みではあるが裾野が広く、必ずしもリストラという分類でくくりきれない、全般的な労働強化という形で現れるものである。

第三には、仕事の変化により能力主義、成果主義といったこれまでとは様変わりした労務管理や激変する職場環境をめぐるものである。能力主義や成果主義による職場の人間関係は、一言で言えば従業員間の競争の激化であり、そうした無秩序な競争の行き過ぎなどによって起こされる人間関係のきしみでもある。

第四には、女性の社会進出に戸惑う男性中心の意識のゆらぎや反発である。データ的に言えば一番多いのがこれである。セクハラなどを典型とし、男性中心の職場に女性が入ってきたことによる男たちの戸惑いや反感が生み出す様々ないじめがそれである。

第五は、職場の人間関係そのものが難しくなり、上司と部下、同僚同士などの距離の取り方やコミュニケーションが難しくなって「さざなみ」が立ち始め、それが何かのきっかけでいじめに発展するようなケースである。

これらをその特徴によって分類し、典型的な事例を見ながら、もう少し具体的に踏み込んで考えてみたい。

1 リストラ（退職強要）をめぐるもの

これまでパワハラを顕在化させた犯人は、平成不況のリストラではないかと名指ししてきた。その意味では、近年の雇用調整が、これまでの解雇や退職強要とは少し違ってきているのだということについて、整理しておく必要がある。

オイルショック後、幾度かの雇用調整が行われ、そのターゲットが徐々に中高年に置かれ始めてきているという指摘は各方面でも行われており、その通りだと思う。しかし、いじめのターゲットを考える場合には、もう少し厳密な分析が必要である。

これまでの雇用調整の対策がもっぱら製造業のブルーカラーであったことに対して、近年はホワイトカラーであることに大きな特徴がある。製造業では間接部門の従業員が中心で、その傾向は製造業に限らず第三次産業にも及び、年齢で言えば中高年層の、しかも管理職が中心となっている。

リストラのターゲットとなった多くは、これまでの集団的労使関係でくることのできない人たちだった。つまり、労働組合員でないことで団結権の埒外にあり、権利主張の当事者となることはなかった人たちである。

彼らは法律上の保護が明確でなく、これまでも裁判例として確立されてきた権利擁護分野の外にあり、だからその反射的な効果として権利意識が弱かったり、中間管理職と呼ばれるようなあいまいな立場に置かれている。

そして、こうしたことが雇用調整策がストレートにいじめとなってしまうバックグラウンドを用意することになったのである。第一は、無権利であるがゆえに、こうした層に向けてかなり強引なリストラ策が取られたことである。

また第二には、無権利であることを背景に、争わない、争えないことを見越して、強引な退職合意の強要などが行われることになったことである。さらに、第三は、こうした仕打ちを受ける側が、管理職組合などのごく一部の動きを除けば、権利意識を欠いた泣き寝入りに近い対応に終始してしまったことである。

そして、第四の特徴としては、労働関係法による権利の裏付けのあいまいなこうした労働者たちの、権利保護をめぐる混乱があったことである。典型的には相談をもち込まれた行政機関を始めとする救済機関が立ち往生してしまい機能麻痺に陥ったことである。

そんな実態を事例で見てみよう。

(1) スタッフ職の一斉降格

管理職乱造のツケが問われて

中堅の機器メーカーで降格騒動がもちあがった。この企業では、過去に労働組合対策や超過勤務手当削減対策などが主な理由となって、名ばかりの管理職を量産して、管理職バブルのツケが問われていた。

こうしたケースは、この事業所の例に限らずよくある。ただ、この企業の場合は、リストラの方法が全員をヒラに格付けし直して、改めて管理職としての選抜をやり直すという少し乱暴なやり方を取ったことが特徴だった。

格付けがヒラに変えられることで、中には逆に超過勤務手当が支払われ収入が増える人もあったが、ほとんどの人の収入はダウンした。スタッフ職だったこともあり、収入は減っても仕事上はほとんど何の変化もないというのが現実だった。

ところが、降格される人たちにとって一番の問題となったのは、管理職というステータスを失うことだった。少数の人たちは、仕事量が正確に計算されて収入が増えることを選択して、会社の提案を歓迎したが、大多数の人たちはこのやり方に反発した。反発組には、純粋にステータスを失うことにこだわる人と、収入ダウンを気にする人がいたが、圧倒的にステータスに傾いていた。

「管理職意識」という言い方が正確かどうか分からないが、これらの人たちがもっているステータスは、必ずしも職務権限にもとづいたものではない。職名としての、いや肩書としての管理職名であり、もはやヒラとは違うのだという「管理職意識」にとらわれたもののようだ。

こんな人たちが降格というショッキングな課題を抱えて、はじめて自分たちの置かれた立場を見直すことで、実は彼らは管理職でも何でもないことが分かった。残業時間によって手当を計算すれば、管理職手当よりもはるかに多くなるし、権限も実際にはほとんど与えられていなかった。

まとまれない弱み

こんなことに気づいた時点で、組合的なまとまりをすればいいのだが、そうはならなかった。相談にやってきた数人はまとまって行動することを選んで、仲間たちに呼びかけたが、ほとんどの人たちの反応は冷ややかなものだった。

それぞれの思いや、ステータスへのこだわりというのはきわめて個人的なものであり、その意識が組合的なまとまりを自然に拒絶することになったのである。しかし、その結果は悲惨なことになった。それぞれが個人的な思いを個人的に主張するという、散発的な抗議行動が行われることになったからである。

この種の抗議や異議申し立ては、「会社に対する貢献や落ち度のなさ」と、「他人の誹謗や讒言」という個人的な自己宣伝や言い訳の域を出るものにはならない。このケースでも、予想された通り忠誠心を競い合うものとなった。なぜなら、誰もがもう一度、本当の管理職になる選抜が行われることを意識していたからである。

会社は、こうした個人個人の動きをその選抜に最大限活用した。恣意的な選抜が行われた結果、少数の合格者は残ったが、大多数の不合格者は会社の意図通り、自己退職に追い込まれた。

――あなたは日ごろ、大事な仕事を部下に押し付けて、責任を回避すると噂になっている。

――あなたは、仕事の重要性の順番がつけられない。それは、仕事の必要性の判断ができていないからで、仕事が遅く、いつも後手後手になる。

――あなたが会社の方針に批判的であることは、幾度か報告されている。

――A社との取引で、打ち合わせミスをして契約に至らなかったことの責任をどのように考えているのか。

――外回りの際に、パチンコ店に寄ったり、喫茶店にいるところを目撃されている。

――会社にサラ金から、返済の催促の電話があったという話があるが、本当か。

など、仕事の些細なミスが告げ口で指摘され、人によっては、家庭の事情や私的なことまで挙げられる者もいた。

――家庭がうまくいっていないという噂がある。近々離婚ではないかと言われているのを知っているのか。

――子どもが補導されて騒ぎになったというじゃないか。そんなことで、ゴタゴタしていて管理職が務まるのか。

――交通事故を起こしてトラブルになっているのに、会社には内緒にしているそうじゃないか。それは、懲戒理由になることもある。

こんな指摘を受けて、「こうした問題を抱えた以上、この会社でのあなたの将来に期待はないと思ってくれ」とダメ押しされた管理職のほとんどは戦意を失った。

自己主張ができない人たち

仲間意識をもつどころか、競争意識と自己保身を会社に最大限利用されながらも、彼らにはなす術がなかった。ここには、日本の〃管理職でもない管理職たち〃の意識が象徴的に表れている。そこには、ある程度の年齢になった時に、企業の大小に関係なく、会社の中である程度のポジションで処遇されていないといけないという強迫観念にとらわれた管理職ステータスへのこだわりがある。

相談にやってきた数人の管理職たちは、まとまって行動したために当初は会社だけでなく、仲間うちからも疎まれた。しかし、会社の選別や追及に耐えられなくなり、一人、二人とプライドを傷つけられ、将来に絶望して落ちていく中で、彼らだけは「いわれのない降格は処分である」との主張を曲げなかった。

最後まで残った彼らの一人、柏原秀樹（52歳）は言う。

——私たちは、会社に対して自己主張する手段を知らないんですよ。個人個人は弱い立場にあり、まして管理職ということで、これまでバラバラに管理されてきている。プライドだけはあって、他人の批判はできるが、自分のことをプレゼンすることができない。そこを突かれたんです。結局、私たちの仲間のようにキチンと自己主張し始めると、今度は会社の方が対応できない。だいたい、「リストラは組織改革をやるのであって、降格処分ではない」などというのは会社の詭弁ですよ。『降格処分』なのにそれを言葉でごまかしている。

目的は、管理職を減らすことではなく、人件費を減らすことですから、「降格処分でないなら労働条件は低下させないのだな」と念を押すと詰まってしまう。会社の方が、自己矛盾を抱えてしまったということですかね。

こんなやりとりの末に、会社は組合としてまとまった彼ら4人の地位には手をつけないという約束をさせられてしまった。まさに自己矛盾に陥った会社は、この4人の頑張りで混乱することになってしまった。

——ここまでやればもういい。こちらから見切りをつけようということで、私は辞めて、3人は残ることにしました。痛み分けというところですか。

柏原は淡々と語る。

(2) リストラ模様

事例を通して、中間管理職たちの置かれたギリギリの状況を見てきた。こうしたケースは、相対する会社側から見れば、企業にとっても引くに引けない選択である場合が多い。企業もまさに危機的な状況に置かれていたり、会社再建をかける崖っ淵の対策だったりする。

それだけに、リストラ模様は、会社にとっても労働者にとっても過酷な状況となって展開することになりがちである。だから、そこではパワハラの典型ともいえる多くのトラブルが発生することになる。

肩たたきに応じなかったら転勤させられて、仕事も与えられず

大手事務機器販売会社に勤務する多田道夫（46歳）は、「折り入って話がある」と上司から酒に誘われ、その席で「あなたは、会社にとって不要な人間と判断されている。早めに次の仕事を探した方がいい。これはアドバイスだ」と言われた。しかし、酒の席でもあり「この歳で転職も難しいので、なんとか、定年まで会社にいたい」と返事をした。

ところが、しばらくしてまた呼びだされ「アドバイスを聞かないなら、先のことは知らない」と言われ、自宅から通勤に3時間近くかかる支店に配転された。しかも、配転先では仕事が与えられず、「こちらでも手は足りているので仕事はない。そのうち仕事を用意するから、それまではトイレの掃除、事務室の掃除、それに雑用をやっていてくれ」と支店長に言われて、3か月近くこの状態が続いた。

給料も「仕事に応じたものしか払えない」とこれまでの3分の2程度に下げられ、頑張りも限界にきたので、「このままでは、辞めるのを待っているとしか思えないので、元の職場に戻すか、仕事を与えなければ訴える」と申し入れた。しかし、「組織再編で余剰人員の扱いがはっきりしない。もう少しすれば退職者や解雇者の整理がつく。そうすればあなたの扱いも決まるだろう」などと言を左右にして、はっきりしたことを言わない。

こんな状態では、「解雇する」とか「辞めろ」とは言われてはいないが、実態としては同じだと思

う。もうプライドもズタズタにされて、経済的にも不安で辞めてしまうことばかり考えている。

関連小会社への出向、経営責任を問われて退職

真田哲也（47歳）の場合は、リストラの一環として計画された別会社の運営を任されることになった。銀行から「リストラ提案を出せなければ融資はできない」と通告されていた会社は、リストラ案として、①本社機能のスリム化、②部門切り離しによる別会社化、の二本の提案を出していた。

そして、真田に任された別会社は、身軽になって営業成績を上げることが期待されたものだった。しかし、「会社の再生を賭けるもの」と言われていたにもかかわらず、別会社に移行した業務は不採算部門だけだった。さらに、支援するはずの資金も打ち切られた。

しばらくして、実は会社が「不採算部門の別会社化と切り捨て」として案を出していたことが分かった。その真相は、こうした生き残りをかけた競争につきものの社内派閥も入り乱れる、パワーゲームの結果だった。

真田は自分の属していたはずの派閥からも見捨てられて、将来性のない別会社を任されて出向させられたのである。真田は、自分の将来はもちろんのことだが、20名足らずであるにせよ、任された従業員の生活を抱え込んで苦しんだ。まさに、会社に騙されて泥舟に乗せられた気分だったという。

その後、資金が切れて、出口のない労使関係の泥沼の解決の責任をもたされる羽目になった。その一方で、会社からは失策の責任を一身に負わせられ、49歳で退職に追い込まれることになってしまった。

パートの労務管理を任されて会社の未来に向けた5カ条を指示、守れなければ自主退職

印刷会社に長年勤務してきた松本八重子（38歳）は、会社の危機を乗り越えるためのリストラ策ということで、社長から、「働き続けるための5カ条」という文章を渡された。

社長は、「パートを辞めさせるか、あなたが辞めるかよーく考えて対応しろ」と言った。これは長年にわたって、パートを束ねてきた自分に対する嫌がらせであり、退職を迫るものであると松本は受け止めた。

第1条　個々人のわがままを聞いていれば、会社は成り立たない。命令と協力のできる人材で会社を運営していく。

第2条　個人のエゴは一切認めない。特別な条件のあるものはすべてパート扱いとし、個別に労働条件を定める。

第3条　一人一人別々の価値観では会社は運営できない。会社の価値観を最優先できる人たちだけで会社の運営をしていく。

第4条　会社に身を委ねることにより共に協力が生まれ、上昇意識ができ、達成の喜びが生まれる。その、喜びを共有できる人たちで会社を運営していく。

第5条　出退勤がしっかりとできない者、個々の事情を優先させ、同僚や会社のことを考えない者は、

会社の発展に役立たないので共には歩めない。

松本が入社した10年前は、人手が集まらないことと安い労働力を確保するためにパートを戦力として活用し、会社は大きくなってきた。そのため、育児や子どものための休み、介護などに対する特別の配慮がされ、パートの働きやすい労務政策をとってきた。

しかし、最近ではこうした政策を転換して、会社に協力的でない者は遠慮なくリストラしていくという方向をとり始めていた。こうした会社のやり方の最前線に置かれた松本が、「私はそうしたやり方にはついていけない」と不満を漏らしたことに対する5カ条の提示だった。

以来、会社からはことあるごとに、「この5カ条に従えない者は辞めてもらってもいい」と言われている。こんな主観的な5カ条を押し付けられる日々を過ごし、パートの人たちとの間の板ばさみになり、松本は心身ともに疲れてしまった。

——景気のいい時は都合のいいように使っておきながら、いざ不況になると何とか切り捨てようとする。しかも、解雇では費用がかかるから、自分で辞めていくように仕向ける。そしてそんな役割を押し付けて、嫌なら辞めろですから……。

松本はしばらくして、一人退職の決意をした。

2 労働強化（出向・配転・ノルマ）によるもの

リストラ解雇という究極の手段をとる前に、雇用調整に向けた様々な手段が講じられるのが普通である。雇用調整の具体的な手段としては、時間外労働の規制、削減から始まって、非正規従業員の削減、新規採用の停止・縮小、業務の縮減・見直し・外注化・直営化、社員の配転・出向、さらには部門廃止とそれに伴う一時帰休など多様な取り組みが行われる。

いわば、希望退職募集から指名解雇という、最終的なリストラの手法が取られる前段での取り組みが様々にある。そして、ここでの労使の攻防もまた、激しくなればなるほど、いじめのバックグラウンドとなる可能性が極めて高くなる。

こうした段階でのやりとりのすべては、労働基準法の規制に絡むものとなるし、労働組合との関係で労組法上の問題となることも当然にありうる。しかし、今日の雇用調整がかなり強引なものとなっていることや、労使関係のルールが定着していないこと、そして、こうした法的な規制をかいくぐろうとする使用者の意思などから、限りなくいじめの様相を呈してくることになる。

したがって、そうした典型的な例についても見ておく。

経理から営業に配転、しかも遠距離に。しかし労組も「やむなし」と

製造機械の販売会社で、経理一筋13年の勤続年数となる日立靖男（38歳）は会社の販売強化方針の一環として、経理から販売への配転を言われた。突然のことでもあり、勤務場所も遠距離（1時間から2時間半）になるため、労働組合に相談して拒否することにした。

会社側は強硬で、「応じなければ解雇する」とまで言うようになり、組合も幾度か「これは不当配転だ」と交渉してくれたが、そのうち「会社の経営方針でもあり、反対はできない。会社の意思が固く仕方がない」という態度になってきた。

この年齢になって、経理から営業に移るのは苦痛であり、恐らく辞めざるを得なくなることは目に見えている。しかも、「同意しなければ退職」というのは指名解雇と同じではないかと思い、「裁判も辞さない」と主張したところ、会社も組合も一緒になって「3か月は待つので、ことを荒立てずに円満退職をしろ」と言ってきた。

以降、様々ないじめが行われるようになり、組合は「ゴネ得と思っているのか。組合は個人のわがままの味方はしない。会社が危機なのだから、従わなければ辞めざるを得ないのは仕方がない」と言う。また会社は連日、「営業に行くのか、辞めるのか」と責める。

こうした中で仕事をしても集中力がなく、間違いが多くなると、これまでになく厳しく叱責され、「経理としても使えない。もう、辞めるしか選択はない」などと言われて、つい「あと、2か月で仕

事が一段落する」と言ってしまった。この言質を取られ、「あと、2か月で辞めると言った」と責められている。

ルールをたてに退職を認めず、ノルマとペナルティーで身体を壊した

商品先物取引の会社で勤務2年目の上山忠雄（26歳）は退職が認められず、上司に怒鳴られる毎日を過ごしていた。入社1年目はノルマはなかったが、2年目になると、一方的に「営業成績が悪いので、ノルマを設定する」と言われた。

そのノルマを達成できないことのペナルティーとして、賃金の一部を強制貯金させられた。月々15万程度しかもらえず、生活が厳しいので、辞表を書いて「辞めたい」と申し入れたが、「退職は6か月前に出し、会社の許可がいる」と言われた。

そこで6か月前に出したら、「6か月間は給料なしになるかもしれない。また、会社に迷惑をかけて辞めるなら、貯金したお金は戻せない」と言われてしまった。「こんなことでは、実際には退職できないではないか」と言ったら、「この会社では、最低5年は勤務してもらわなければ退職できないというのが暗黙のルールになっている」と言われた。

「辞めたい」と言い出してから周囲の雰囲気が変わり、「どうせ辞めるやつだから」とか「ろくに働かずに給料だけはもらおうという魂胆のたかり精神の男だ」「職場のお荷物」「厄介者」などと陰口をたたかれるようになった。

職場で上司や同僚からも怒鳴られることが多く、少しノイローゼ気味となり、休暇も多くなってきた。集中力を欠くようになったため、顧客とのトラブルが増え、心身の調子が極端に悪くなってきた。このままでは身体を壊してしまう。

売上目標のアップで、エリアの変更と過大なノルマ

他の支店で横領事件があったことから、この穴埋めのための売上目標アップが掲げられた。一方で、こうした方針についていけない人たちには、希望退職の募集が行われた。町田康夫（48歳）は希望退職リストの名簿に入っていたらしく、上司に執拗に希望退職に応募することを勧められたが、拒否した。

その後、横領事件の対応として営業のエリアの大幅な見直しが行われ、これまで10年以上も担当してきたエリアをはずされることになった。それに代わって担当することになったエリアは、倍以上の広さであり、ノルマも倍になってしまった。

「横領の穴埋めを全体でカバーしようという方針は理解しているが、これではノルマの達成ができずに、責任を問われることは目に見えている」と上司に苦情を申し立てたが、「そんなことを言えば、会社の方針に逆らうことになる」と言われた。「他の社員との比較でも不公平であり、自分だけがこうした仕打ちをされるのは納得がいかない」と主張したら、「あなたはもともと問題社員としてリストアップされていた」と言われた。

その後、①約束の時間に遅れて、大事な契約を駄目にした。②私用のインターネットが多い。③外でサボッてパチンコをしていたり、喫茶店にいる。④遅刻やポカ休が多く、周囲に迷惑をかけている。などと言われ、「辞めろ」と言わんばかりの対応をされている。

①については、電車の事故で不可抗力だった。②営業用の情報は、相手との話題を豊かにするため幅が広く、それを私用と判断されてはかなわない。③サボっているわけではないし、みんながやっている職場慣行だ。④営業で夜遅くまでかかることもあり、超勤扱いをしないので仕方がない。などの反論をしたが認められない。

自分だけがこうしたことで責められ、ノルマの責任を問われるのはいじめであり、到底納得できない。

3　能力主義、成果主義をめぐるもの

今日、我が国における企業の人事・労務管理が大きな転換期を迎えていることは、各方面で指摘される通りである。そして、その内容についても、これまでの年功序列型の賃金管理から、能力主義、成果主義といわれるものへの転換であることにも、大方の意見は一致している。

このシステムは、一言で言えば与えられた「目標」に対して、どの程度「達成」したかによって評価して、賃金・人事に反映させるやり方である。こうした考え方が従来はなかったのかと言えば、まったくなかったわけではない。これまでの職能資格制度においても、こうした要素が加味されていたことは事実である。

しかし、今日の能力主義なり成果主義がこれまでのものとは違っているのは、より直接的に能力や成果を数値ではっきりさせて、その数値ですべてを決定していくという発想に立っていることである。

裏返して言えば、目標の設定や評価の仕方をどのようにするかによって結果が大きく変わってしまうというシステムでもある。ここでは、目標や評価の仕方をどこまで納得のいく、公平なものとできるかという入り口の問題がある。

またもう一方で、出された結果によってどこまで賃金を減額できるのか、格差をどこまで設定するのか、成果のための無制限な働き方をどのように抑制するかなどの出口の問題も決して無視できない。しょせん原資の中でのやりくりでしかない成果主義の効果が、どの程度のものなのかという疑問も残される。

(1) 能力主義の混乱

自己申告の提案をめぐって

先日、ある中堅電機メーカー管理職の木暮道夫（48歳）から、能力主義管理の導入をめぐる現場の混乱とその対処についての相談をもちかけられた。
――わたしの会社も、今はやりの能力主義というのですか、人事管理の大幅な変更が打ちだされましてね。会社の中はてんやわんやですよ。何しろ、社長が新年の挨拶でいきなり言い始めて、人事部門がこの指示を受けて、にわか仕立ての能力主義管理を実行し始めたんですよ。

これがまた、どこで仕入れてきたのか、性急なやり方で、われわれもどのように対処すればいいのか、さっぱり分からずに困っているんですよ。

木暮の戸惑いというのは、管理職対象に適性配置を目標とした自己申告書の提出を求めていることと面接への対処方法だった。そしてその会社が、自己申告書を提出させて面接を行う目的は、次の3点にわたって説明されていた。

その第1は、管理職のあり方についての抜本的な見直しである。これまでのゼネラリスト的な管理職育成方針から、部門の先頭に立つスペシャリスト的管理職への変更を目的とするというのである。自己申告でも、これまでやってきた職歴を記入の上、これからスペシャリストとして部門の先頭に立ってやれるセクションを自分で選択することになっていた。

第2は、チャレンジ型の組織改革である。これは既存のやり方にこだわることなく、リストラを提案して欲しいというものである。プランの提案と、自分はそこでリーダーとしてどのようなことがやれるのかの自己申告をして欲しいというものである。

第3は、脱会社型のライフプランの確立である。1、2の提案のように会社内での処遇に限定せず、転籍・転進・転職も含めたプランを個人個人が持つようにするというのである。つまり、もしスペシャリストとしての責任を果たすことに自信がない場合や、リストラの構想がなくとも、自分でこれから企業の枠にとらわれない転進を考える場合にはその援助をするというものである。

不安の材料

こんな提案を受ければ、木暮ならずとも不安を感じざるをえないだろう。現に、木暮も会社の真意を図りかねて戸惑って相談にやってきていた。いや、木暮に限らず、提案対象となっている管理職たちは、一様に戸惑いを感じて困惑しているというのである。

――正直言って、これは解雇通告ではないかと思いましたよ。全員にやるとは言っているが、はじめからターゲットが決まっていて、何人かの管理職が退職に追い込まれることになるんではないかってね。この自己申告や面接は、管理職の人員整理のためのセレモニーかもしれないなっていう感じですかね。

そして、疑心暗鬼でいろいろと仲間同士で情報交換を進めたり、意見交換をしたりしながら、しばらく経ってみると、どうもそういうことではないらしいということが分かってきたんです。

それはそれとしても、この自己申告と面接にどのように対処するかですよね。私の場合のキャリアは、これまでの会社の方針に従ってゼネラリスト型に動いてきましたからね、生産管理から始まって販売、工場、研究所、そして総務、人事を経て今の工場経理部門ですからね。これといってスペシャリストとしての技能と言うんですか、そういったものはないんです。ましてヽ、ヒラの兵隊の時ならいざ知らず、管理職になってからは実務はほとんどやっていない訳ですから、いまさら、スペシャリストとして先頭に立ってやれる部門などある訳がないですよ。

日本型の労務管理の柱である年功序列型の処遇は、ある意味ではこのゼネラリストを育てることとかみ合って成り立ってきた。年功と能力が一致するのは、その求められる能力がスペシャリストとしてのそれではなく、ゼネラリストとしてのそれだったからである。

「たいして能力もないのに、人間関係だけであそこまで行った」「ポストが人をつくる」などと陰口をたたかれながらも、そうした昇進が人間関係に支えられ、逆にそうしたポストにつくことで自覚が生まれて、人間関係や部下の扱いを覚えるなどということは、まさに日本的労務管理の神髄でもあったと言える。

そうした意味では多方面でのキャリアを積んでいろいろな人と知り合い、仕事の内容を理解して、年齢と同時に人間関係を築き上げるのが日本的な労務管理の骨格をなす昇進システムでもあったと言ってもいいだろう。

確かに、こうした職業生活をよしとしてきた人に、いきなりゼネラリストからスペシャリストへの１８０度の転換を求めることは非常に難しいことである。しかし、今多くの企業が管理職たちに求めていることは、そういうことなのである。

こんな説明をして、とりあえず今後の木暮の反応を見ることにした。

不器用な生き方

　ところが事態は急だった。木暮は自己申告をもとに、営業の第一線をはずされると同時に管理職の役を解かれ、倉庫管理部門に配転されてしまった。

——この前説明したように、時代が変化し始めているのだから、多少はそれに合わせて自己申告書を書かなければ……。

　私のアドバイスを受け入れなかった彼の不器用な生き方へのいらだちで、私はついつい苦情めいた言い方をしてしまった。そんな、私の苦情を遮って、

——その通りなのですが、私の時代のスペシャリストというのは、いかに売り上げを上げるかは、飲ます、食わす、抱かせるでやってきたんです。取引先の人間にどこまで食い込むかが勝負だったんです。でも、今はそうしたやり方が求められているわけではない。

営業では、商品市場についての知識や、関係法律や商品の性能についていかに精通しているかをまず問うというのです。そんな知識などの競争や技術的なことで若い者にかなうはずがない。それに、営業で回る件数の目標と契約の目標を連動させながら出すことになっているんです。そんな知識を身につけるための研修目標と、売り上げ目標がどのように結びつくのかなどは分かるわけがない。わけも分からないままにそんな目標を出すことになっている。しかしこの場合にも、個人の可能性も含めた様々な能力の発揮を求めているのだから、みんな無理をして高い目標

を掲げるしかなくなる。

でも、私はそうした自分の首を絞めるようなことはできない。そんなことをやっても本当に売り上げが伸びるとは思えない。確かにこれまでのやり方でも駄目だが、それを全部否定するようなやり方がいいわけではない。

彼は頑なだった。

これまでに幾度となく出会ってきたこの種の事例は、典型的にはブルーカラーの人たちがまさに年功序列的処遇から、管理職となって現場を離れ、総務や人事という事務部門へと転勤した時に様々なトラブルを生じるというものだった。

どちらかといえば、技術部門で名を馳せて、顕著な技術開発や発明による新製品などを残してプライドをもっている人たちや、やや頑なに技術の世界に自分を置いている職人肌の人たちが抱える苦悩でもある。

幾人もそうした人たちの挫折や、トラブルを見てきた。それらは、ある種の能力主義そのもので生きてきたスペシャリストが、ゼネラリストとしての資質を求められて管理部門に入った場合に抱えてしまう苦悩でもあった。

一見正反対にも見える能力主義が、それと同じ質の悩みを抱えさせていることが分かる。これまでも、ある人は人間関係になじめずに大きなトラブルを起こし、ある人はメンタルな問題を抱えて退職を余儀なくされてきた。似たようなことが場面を変えて起きているような気もする。

時代と能力主義

——能力主義と言っても、いろいろあると思うんですよね。例えば右肩上がりと言われる時代には、売れることを前提にして、どんどんと製品を開発してつくりだすことが能力でしょうけど、今のような時代はいかに省力化を進め、効率よく商品を回転させるかが能力ですよね。それを知らずにバブル時代と同じ感覚で仕事をしていたら、企業が成り立ちませんからね。そんな能力ですから、時代に応じて変わる訳で、我々もそれを置かれたポジションで工夫をし、苦労をしているんですが、今回のような提案はそんな生ぬるいことでは駄目だということなんでしょうね。

そこで、大胆な提案があれば構想として提案をして率先してやってみろということなのでしょうが、これもまた、これまでの経験からいうとシンドイんですよね。この類の合理化提案というのは日本的な企業風土では、自分の首を締めるようなものですからね。そんな構想の提案をして、そのリーダーとしてのポジションを得て、合理化の先頭に立つということになれば、処遇はともあれ会社内での居心地が悪くなるのは当然ですよね。

確かに、こうした変化の先頭に立つことも決して賢明な策ではなさそうである。

——もう一方の、ライフスタイルのトータルプランだとか言っているのは、何だかんだ言ってみても、こうした能力主義や成果主義についていけないのであれば、企業を離れて独立してみたらどうかと言うことでしょう。

体のいい自己退職の勧めですよね。そんなことができるくらいなら、そこまで言われる前に、とっくに退職していますよ。日本のサラリーマン生活は、ある意味では気楽かもしれませんが、別の意味ではみじめなものです。誰だって「辞められるものなら辞めて、一国一城の主に――」とは、一度や二度は考えているはずです。

早い話が「辞めろ」ということなら、「とんでもない」ということになりますよ。年齢も家庭生活が大変な時期で、それでなくとも大変なんですから、ここで雇用不安を抱えたら家庭崩壊になってしまいますよ。

まさに、こうした悲劇は、新旧という時代の交替期には必ず訪れる、避けがたいものなのかもしれない。しかし、日本の多くの職場は、今、この能力主義と言われる新しい手法に混乱している。

（2）能力主義、成果主義に揺れる現場

すでに触れてきたように、成果主義なり能力主義と言われるシステムが評価者の気まぐれや、好みで運用される余地があり、裁量や濫用もありうるシステムである限り、働かせられる側にとっての疑念や不信は残る。そして、そこにいじめや嫌がらせ、そして競争のための足の引っ張り合いが生まれるのである。

そのはやり方は、長引く不況のイライラもあってかどんどん加速され、もはやこの能力主義への転

換とリストラなしでは、企業として生き延びることはできないという強迫じみたものにさえなっている。

外資系企業で年俸60%のダウンを提示された

原口秀雄（32歳）は外資系のビジネスコンサルタント会社に勤務していたが、この会社の徹底した成果主義の導入で、上司と対立し、ついには年俸の60%という、日本の法律では認められない大幅ダウンを提示されてしまった。

会社は数年前から成果主義を導入し、上司との話し合いによる年間目標の設定と、それによる成果測定による年俸決定という手法の徹底を図ってきた。上司は、会社全体の目標数値を部下にいかに割り振るかに腐心するだけで、どのようにしたらその目標を達成できるかについては関心がなかった。

原口が「上司のやり方では、単なるノルマ主義になってしまう」と反発したことからあつれきが生じてしまった。それからは、ことごとく意見が対立するようになり、上司は半ばノイローゼのような状態になり、原口にヒステリックに当たるようになってきた。

「目標を達成するためには、その基礎となる情報の共有がますます必要で、単純なノルマ主義になるとお互いに情報を隠して、相手を出し抜こうとする。個人の競争ではなく、組織としての目標達成の視点が大切」という原口に対して、「それは、無能力であることを隠す理屈だ」と否定する。

さらに、「成果主義とはいえ、個人個人のモチベーションが違うのだから、その達成感についての相互了解を大切にすべきである」という主張には、「上司の評価の公平性に疑問を出して、批判する態度だ」と決め付けられた。

こうした反目だけでなく、大切な打ち合わせからはずされ、連絡事項も意識的に伝えられない場合も出てきた。個人的な提案もことごとく拒否され、ついには年俸の60％ダウンという考えられない提案を受けた。

「そんなに大幅なダウンは日本の法律では認められない」と主張したら、「成果主義というのはそうした制度であり、怠け者や理屈だけで成果の上がらない者は、年俸制度で評価をすることになるのは当然だ。嫌なら辞めろ」と、取り合ってもらえない。

会社の査定と対立、仕事に対する考えの違いで解雇に

インターネットオークションを開発する会社に勤務する田原建治（31歳）は、会社が年俸制を取り入れることになり、自己申告で800万円に決まった。しかし、成績が振るわず、次回の判定に向けて、大幅ダウンの提示を受けた。ダウンについての覚悟はしていたが、理由については納得できずに話し合いが繰り返された。

会社の言い分は、①前回の設定は、新規の企画開発分を入れてのものである。しかし、企画が成果となっていない。②これまでの仕事についても処理能力が低く、顧客対応も悪いので、会社の査定では、A、B、CランクのCになる。③仕事に対する熱意に欠け、時間中にも関係のないホームページ

を見ていることが多い、などというものだった。

田原はこれに対し、①新規企画については、現在は進行中であり7割程度はできている。企画などについては、オールオアナッシングの考え方は評価になじまない。②顧客とのトラブルは相手側の誤解で生じたもので、むしろ現在では誤解も解け良好な状態になっている。結果を見るのでなく、トラブルの起きた回数を数えるような査定の仕方はおかしい。③ホームページを見ているのは仕事のためである。ネットオークションの仕事でホームページを見るのは当然で、そんなことも理解できない人に査定されるのがおかしい、と主張した。

会社は、田原を「会社の査定に文句を言うようなやつは、社員としての基本的な姿勢ができていない」と判断して、年俸30％ダウンと職種の変更、異動の提案をしてきた。

田原は、「これでは生活できないし、これまで積み上げてきたスキルをすべて否定されてしまう」と反発、会社とは全面対決となり、ついには『辞めろ』『辞めない』で争いとなり、裁判で争うことになった。

「幼稚園児並み」と言われ、昇給差別を受けて

外資銀行に営業で勤務していた岡田勉（28歳）は、年俸制で働いていたが同期入社の同僚との間に年々差がつけられて、その差が50万円を超えるまでになった。会社に賃金格差の生じる理由を問いただしたが、「人事考課と勤務評定の結果」とだけで、何も詳しい説明がされない。

年俸も一方的に決められ、意見を言う機会もない。会社が決めた額による契約書が一方的に送られてきて、承諾書にサインをして提出するというシステムが繰り返されるだけである。そこで、文書で「ほかの人に比べて低く評価されている理由を知りたい。人事考課と勤務評定の基準を明らかにして欲しい。もし、示していただけなければ、出るべき所に出ても決着をつけたい」と申し入れた。

それに対して上司は、「私は、はっきり言ってあなたを評価していない」と言い、「これまでも最低の評価をつけてきた。しかし、それはあくまであなたの能力の問題だ」とも言った。そして、「あなたは自分で自分のやっていることが分かっていないようなので、これからは具体的な指導をしていくことにする」と宣言した。

その日から、はっきりとした上司からのいじめが始まった。具体的には、「あなたは顧客対応が悪いから、電話を取ってはいけない。ほかの仕事をしていなさい」と言われ、営業の大事な用件も伝言してくれないこともあった。

また、「言葉使いがなっていないので営業には向かない」などと面と向かって言われ、注意されたことを聞き直すと「あなたは、他人のいうことを理解できない。コミュニケーションに問題がある」と言われ、「幼稚園児並みの理解力と表現力しかない」とまで言われた。

そのうち、「あなたには辞めて欲しいんだが、辞めさせるとなるといろいろ大変なので仕方なくいてもらっている」と言われ、全員の集まる会議で「岡田クンのように、目を開けたまま居眠りしている人もいる。こんな人が一人なら、まだ何とかなるが、伝染すると大変なことになる」と言われた。

「もう、あなたの時代は終わった」「会社はあなたを必要としていない」

もともと技術畑で仕事をしてきた村井勝（55歳）の場合は、管理職という処遇が逆に負担となって追い詰められ、解雇問題に発展した。

村井は、彼の名前が残るような技術の開発をしてきた実績もある功労者だった。だから、会社もこの功労に報いて、さらなる業績のアップを期待して管理職のポストを用意した。しかし、部下の扱いができずに人間関係のトラブルを次々と起こした。

もともと人との付き合いが得意ではない村井が、自分の意図通りに動かない部下をことごとく排斥する態度を取ったため、部下たちから総反発をくってしまったのである。ますます指示に従わない部下たちと、時には面と向かって反発する部下たちもいて、職場は混乱してしまった。

上司からも、部下の扱いで再三注意を受け、「もうあなたの時代は終わった」と言われてショックを受けた。部下からも「あなたがいない方が仕事がうまくいく」と言われ、この負担に耐えかねて、軽いノイローゼ状態になったことから問題が発展する。

もともと負けず嫌いの村井は、こうしたトラブルは自分の責任ではなく、人事も含めた会社の責任だと考えた。つまり、「ロクな部下を配置してくれないからこんなことになる」と主張したことでますます会社との溝を深めてしまい、「管理職の能力に問題がある。会社はもう、あなたを必要としていない」と解雇問題にまで発展した。

こんなケースは、もう少しゆったりとした社会情勢ならば、いや、一昔前なら、こんな一風変わった管理職も許容されていたはずだ。むしろこうした管理職の存在は、会社のためにもいいのではないかと思われるような人たちが、能力主義時代と言われる今日、管理能力を問われてしまうケースも多くある。

4 女性差別とセクハラ

(1) 女性たちの悲鳴

職場におけるセクハラは、職場におけるパワハラを論じる際には絶対に欠かせないテーマの一つである。いや、むしろセクハラ自体が職場におけるいじめの一形態として取り上げられ、それが性差別であると理論立てられてきたのだと言ってもいい。

セクハラは一種のパワープレイであり、職場での地位や立場を利用して行われるものであることから、従わなければそれに応じた報復が用意されることになる。そして、その報復こそが職場における権力を利用した〝職場のいじめ〟にほかならない。

また、女性差別も、男性中心の会社運営の中で様々に形を変えながら、繰り返されてきた。そして、これも男性から女性という性に向けられたいじめである。こんな仕打ちを受けた女性たちの声を聞いてみる。

妊娠出産で出向、戻る職場はない

佐田晴美（28歳）は、妊娠を上司に告げたところ、「安心して子どもを産めるように」と通勤事情も良く、仕事も楽な子会社への出向の打診をされた。2年後には元に戻る条件で出向した。2年後に「戻りたい」と打診したが、手のひらを返すように「それは難しい」と言われた。

「約束が違う」と抗議したが「子連れでは以前のような働きを期待できない」「入社の時に子どもはつくらないと言ったはず」と反論された。労働組合にも取り上げてもらい交渉をしたが、「戻すなら、これまでの部署は無理」と労使合意の上で配置を変えられた。

ところが、変えられたポジションでは雑用ばかりさせられ、「そもそも、辞めるべき人を押しつけられている」と上司からも露骨に言われ、人間関係もうまくいかなかった。そこで「やはり、約束通り元の職場へ」と組合に頼んだが、「元の職場は組織改革でなくなってしまい、戻る場所はない」と言われてしまった。

組合は、「組織変更については労使協議で決めたことで、組織全体の問題だ。個人のわがままを受け入れるわけにはいかない」と、むしろ「我慢すべき」という立場だった。「これは妊娠・出産に対する嫌がらせだ」と言うと、暗に「会社も厳しい経営状況で妊娠・出産をする女性を抱えていられない」などと会社に近い発想で説得してくる。

とうとう、仕事のやりがいも気力も失って自ら退職するしかないところに追い込まれ、闘う道を選んだ佐田は、次のように言う。

――妊娠をした段階から、会社ではいらない人扱いになった。辞めると言った最後の段階で、上司から「キミが辞めないことでどれだけ大変な思いをしたか。私の評価は大分下がった。正直言って辞めてもらってホッとしている」と言われて、すべてが分かった気がした。実は、働き続ける女性にとって会社全部が敵だったんです。

「初めての女性総合職だったから、妊娠、出産の選択はしないと思っていた。期待はずれだった」「出向の話も、最初の上司が上から言われてやったこと」など、後になっていろいろと聞かされました。

なぜ、そうまでして女性を排除しようとするのかは分からない。一人一人は同情的なことを言うんですが、会社全体としては辞めて当然、辞めなければ会社のお荷物ということなんです。本当に怒りで気が狂いそうでしたが、どこにその怒りを向ければいいのか分からなかった。本当に悔しくて、辛くて、悲しくて落ち込みました。

育児休暇で仕事の遅れ、「責任を取れ」と退職強要

加藤弘子（31歳）は、育児休業を取って職場に戻ったが、課全体のコンピュータ化が進んでおり、

しかも彼女のセクションは、彼女の育児休業の欠員に対する人員補充がなかったため、大幅に遅れをとっていた。そのため、課員は連日残業をしていたが、加藤は子育てで時々しか残業ができない状態でいた。

それに加えて、当初から計画に参加していない加藤は、ほかの人たちについていけないこともしばしばあり、徐々にお荷物扱いをされるようになってきた。そんな中で、上司は「自分で身の振り方を考えろ」とまで言うようになってきた。

周囲もはっきりと「あなたが休んでいる間、あなたの仕事をカバーするのに大変だった」とか、「自分の担当のところは責任をもってやれ。人に迷惑をかけるな」とまで言うようになってきた。

ストレスで胃を壊し、電車通勤でもたびたび下車してトイレに駆け込むようになり、とうとう普通に通勤ができなくなってきた。仕事のことを考えると夜も眠れなくなるという悪循環に陥り、育児ノイローゼも重なった。医者からも、「仕事を取るか、家庭生活を取るか選択のときだ」と通告されて、ギリギリのところで退職強要と闘う決意をした。

加藤は言う。

——あれは、組織的な悪意ですよ。人を補充しなければ、全員が労働強化になり、他人のことなど構っていられなくなる。一人一人が目一杯になれば、自分のことで精一杯、ミスが出れば、他人のせいにしたくなる。お互いに悪意と敵意で対立状態になる。

こんな悪循環が起きるのは当たり前です。でも会社は、「人を増やすほど余裕はない。あなたのせいで問題が起きているのだ」という姿勢ですから、出口がない蟻地獄状態なんです。辞めて半年たった今でも、夜中に仕事に追われる夢で起きる。そして、目が覚めると眠れない。こんな状態で病院に通っているんです。まだ、先の見えない後遺症が続いているようです。でも、私のこれからの生き方を決めるための、個人の尊厳を賭けた闘いだと思っています。こんな決意が会社のみんなに伝わり、陰で応援してくれる人も出てきましたし、会社も和解案を出してきました。

(2) 時代が変わっても性差別は続く

妊娠、出産など母性保護をめぐる差別は、法律ができようと規則ができようと一向にやむことはない。そして、それでも働きたい、働かなければならない女性には、差別といじめが容赦なく襲いかかる。依然として男性中心の職場、効率第一主義の職場。こんな男性たちが動かす職場には母性保護という非効率的な条件を抱えた女性はじゃまになる。あの手この手を使っての職場からの追い出しが繰り返される。

扶養家族手当の申請に「旦那は甲斐性がない」と嫌がらせ

室田幸子(32歳)は夫が失業したため、子どもの扶養手当の申請をしたところ「そんなケースはこれまで一度もない。扶養は旦那がするものだ」と拒否された。事情を話したが納得してもらえず、

「離婚して別の男を引きずり込んでいるという噂がある」などと侮辱された。

反論したら、「それでは、夫の失業を証明するものをもってこい」と言うので「男性には奥さんが失業中かどうかの証明は請求せずに、どうして私だけに請求するのか」と言うと、「キミにはいろいろと悪い噂があるからだ。なにを噂されてもいいというならいいが……」と言われた。

納得はしていなかったが、夫の失業保険のコピーを持参したところさらに、「こんなものはどうにでもできる。怪しい」とまで言われた。そこでハローワークの人と相談して会社に電話を入れてもらい、ついでに指導をしてもらった。

驚いた会社は、これまで言ったことを否定して「子どもを妻の側で扶養するとなるといろいろ大変なのでアドバイスをしただけ」と開き直り、その後はいじめに近い言動を取るようになってきた。「あいつはすぐ役所にチクるチクリ屋だから、会社の秘密は守れない」「夫に甲斐性がないと妻が強くなる」などと陰口をたたかれている。

職場のお茶くみを拒否したところ、職場全体に反発され

大手銀行に勤務していた佐藤勝子（31歳）は、前の職場（支店）では、女性のお茶くみを廃止していた経緯があったので、異動してきたばかりの支店でも廃止の提案をした。ところが、男性たちは「別に強要しているわけではないから、目くじらを立てるような問題ではない。女性たちがボランティアでやっている」と反論した。

女性たちも、積極的に佐藤を支持する意見はなく、「別に、大騒ぎするほど負担でもないし、男性たちには力仕事をやってもらえば、おあいこだ」とか、「お茶くみで私たちも息抜きをしている」などという意見が多かった。

こんな状況に業を煮やした佐藤は、「私は矛盾を感じるので、当番には参加しない」と宣言して、当番からはずれた。ところが、この行動を快く思わない同性からは、「仲間意識がない」とか、「一人でお高くとまっている」「やりたくないから屁理屈を言っている」などと非難されるようになった。

また男性たちからは、露骨に「女らしくない」「職場への協調性がない」「お茶くみをしない分仕事をさせろ」などと言われた。女性たちも、「こんなことでこれまでの職場のなごやかな雰囲気を壊されるのではたまらない。何とか静かにして欲しい」と言い出し、実際に要請もされた。

どうしても納得できなかったので会社に「この現状を変えて、職場環境を快適なものにして欲しい」と訴えたが、「職場環境を乱しているのはあなただ」と言われ、暗にお茶くみに参加することを示唆された。これについても、「男女共同参画時代に逆行するのではないか」と反論したが、「これは、職場のよい慣行であり、自発的な善意だ」と拒否された。

今回の異動人事で他の支店に転勤を示唆されているが、「こんな態度を改めないと、どこの支店でも引き取ってもらえない」とまで言われた。

（3）古くて新しいセクハラ

セクハラは「相手の意に反する性的な言動」であり、何がセクハラかは個人によって異なり、さらにそのことで受けるダメージにも個人差がある。また、セクハラがパワーハラスメントである典型として、拒否すれば加害者からの報復が伴いがちなこともよく知られる通りである。

その意味では絶えず、性差別によるハラスメントと報復というパワーハラスメントの二重の意味でのハラスメントの要素をもったものであると言える。それだけに、事態はきわめて深刻なものになりがちである。

病気見舞いの上司に言い寄られ、拒否して解雇

沼田美枝子（29歳）は交通事故を起こし、1か月近く入院した。その後、退院して自宅からリハビリ通院をしていたが、間もなく出勤ができる見通しが立ったので会社に連絡した。

すると社長が「忙しくて見舞いにも行けなかったので、今後のことの相談もかねて見舞いに行こう」と言い出した。女の独り住まいでもあり、しかも足がまだ不自由なことから固辞したが、「今後の相談もあるし――」としつこく言うのであまりむげにもできないので了解した。

見舞いに来た社長は、「普通なら休んでいる間の給料は払わないのだが、独り身で大変だと思って特別に支給をした」と恩着せがましく言った。「当面はリハビリ通院をしながらの勤務だが、経済的

な問題もあるので、何とか出勤したい」と言うと「経済的なことについては、いろいろ個人的に面倒をみてもいい。心配するな」と言われた。

話しているうちに、「仕事に耐えられるのかどうか、傷口を見せてみろ」などと言われ、足でもあることから拒否をしたが、「何もしないから」などと言い強引に触るなど異様な態度をとってきた。その場は、「傷が完全に直っていないのに、そんなことをしないでください」と手を払いのけて逃げたが、「随分過敏なんだな。どうということはないじゃないか」と不満げな態度だった。

その後、「仕事で近くまで来たので寄った」と上がり込み、「足をさすってやろう」とか「足が不自由だと肩がこるものだ」などと言い、何かと身体に触りたがり、いやらしい行為をしてきたので、「もう来ないでください」とはっきり拒否した。しかし、その後も「あんまり嫌うもんじゃないよ、大人になって生きていかないと大変なことが多い世の中だから、うまくやろうよ」などと言って、露骨に性的な関係を求めてきた。

危険を感じたので、同じマンションの知り合いの男性に事情を話して援助を求め、社長から電話があると事前に連絡して、しばらくしたら様子を見に来てもらうなどの対応を何度かした。そうこうしている中に社長も諦めて来なくなった。身体は大分よくなって仕事に出られるようにはなったが、出社をためらっていたところ、会社から「もう来なくてもいい」との連絡があった。

まだ他の仕事を探したり、新しい仕事を始めるほどに治っていないこともあったので総務課長に「解雇ですか？　今月の給料はどうなるのですか？」と聞くと、「解雇だ。今月の給料は払えない」とのことであった。

「経済的に大変だし、解雇されるような理由はないと思うんですが――」と言うと、「男がいるというし、経済的には心配ないんじゃない」と言われた。「何のことですか？」と聞くと「社長が見舞いに行ったら男と一緒だったと言うじゃないか。履歴書には独身になっていたでしょ。住宅手当の詐取になるんだよ」と言われ、「しかも社長に『こんな会社にはいられない』と悪態をついたと言うじゃない」と言われてしまった。

事態を説明しようとしたが、とても理解をしてもらえそうになかったので諦めた。人の弱身につけこむやり方と、密室でもう少しで強姦されそうになったのに、拒否をしたことでこんな仕打ちをされたことには納得できない。

嫌がらせに耐えられず退職をしたら賃金不払いに

中野由美（38歳）は、経理事務としてスーパーに勤務して3年程になる。離婚して子どもを育てながらの勤務という事情のため、同情した店長が相談相手として何かと面倒を見てくれていた。ところが、忘年会の帰り、二人だけになった時、いきなりホテルに誘われたが、拒否した。

後に「酒の勢いで申し訳なかった」と謝ってきたが、その後も機会があると何かと誘うような行為が続いた。そこで、「そのような気持ちはありませんので――」とはっきりと断った。そんなことがあってから何となく気まずい関係となっていたが、社員の慰労会の席で店長から「女としての気配りがない。ギスギスしている」「お茶も入れない女は、ホステスにでもなって少し、勉強をしてきた方がいい」と言われた。

こんな状態では働いていられないと思い、その場で退職を申し出て辞めた。ところが、その後の給料支払日になっても支払われないため、行政機関に訴えた。

店長は「酒の上の冗談をまともにとられて困っている。優秀な人でもあり、今後も是非勤め続けて欲しいと思っていた。従って、退職についても慰留をしており、戻ってくるのではないかと考えていた」といい、「賃金もその時に払えばよいと気楽に考えていた」と主張した。

「慰留をしている最中であり、突然退職されて困っているのはこちらの方である。嫌がらせをしようとしているのはそちらではないか、こんな風に大袈裟にされて困っている。決して賃金を払わないわけではないが、何か魂胆があってやっているのではないか」とまで言い出した。

このトラブルが噂となり、社長は「トラブルの噂を広げたので、賃金は払わない。そもそも誘いかけたのは彼女の方で、はじめから金を取ろうという魂胆だったのだ」と言い出した。

5　職場のさざなみ

（1）〝職場のさざなみ〟とは

「職場のさざなみ」という表現は、１９９４年に東京都立労働研究所が行った調査からの引用である。一昔前、サラリーマンたちにとって職場は居心地のよい場所であり、家庭を顧みることなく働く人たちが〝会社人間〟などと揶揄されていた。ところがそんな職場が、いつのころからか何か落ち着かない不安定でギスギスしたものに変わり始めてきた。調査はこんな職場の人間関係の変化や揺らぎに注目し、その変わり目をとらえようと実施された。

この調査が指摘するような意識変化は確実に職場に現れており、これが静かに職場の人間関係に「さざなみ」を起こし始めている。そして、いつの日からか、この微妙な人間関係の揺らぎが職場での様々なトラブルの要因となってきている。

調査は、職場の不満の特徴を次のように分類する。

①**上役への不満が強いのは**、28歳～36歳で、係長・主任で、専門職、技能を持った職人、研究・開発職で、職場の中で好きな人が少なく、職場のまとまりがよくなく、仕事は人一倍、または、ほどほどにやり、時間に追われっぱなし、またはゆとりをもって仕事をしている人である。

②**若者・同僚への不満が強いのは**、28歳～46歳で、主任で、職場の中で好きな人が少なく、正社員と非正社員とが混在した職場で、同僚間のまとまりはよくなく、人一倍仕事をする、時間に追われっぱなしの人である。
③**負担への不公平感が強いのは**、36歳以下で、高学歴で、まとまりがよくない職場の人である。
④**オトコへの不満が強いのは**、36歳以下の女性で、主任以下で、事務職、営業職で、若干非正社員がいる職場で、職場のまとまりがよくなく、単独業務の人である。
⑤**ネクラの不満が強いのは**、女性の多い職場で、非正社員が多い職場で、同僚間のまとまりがよくなく、集団業務、または単独業務との区別がない仕事の人である。
⑥**孤独感が強いのは**、36歳以下で、高学歴で、係長で、研究・開発職、事務職、技術職で職場のまとまりがよくなく、ほどほどに仕事をし、ゆとりをもって、または時間に追われっぱなしの人である。
⑦**第一線中堅の不満が強いのは**、28歳～36歳で、大卒で主任・係長で、研究・開発職、技術職、技能を持った職人、運転・倉庫職で、同僚間のまとまりはよくなく、人一倍または、ほどほどに仕事をし、時間に追われっぱなしの人である。
⑧**時間外拘束への不満が強いのは**、高卒で、事務職、生産工程従事者、技能をもった職人で、若干非正社員がおり、同僚間のまとまりはよくない職場の人である。
⑨**同僚とのあつれきが強いのは**、女性で、47歳以上で、中・高卒で、同僚間のまとまりはよくない職場の人である。

⑩**処遇への不公平感が強いのは**、47歳以上で、転職経験があり、課長で、技能を持った職人、販売・サービス職、経営・管理職で、第二次産業で、同僚間のまとまりがよくない職場の人である。

ここで分析されているのは、あくまで調査に表れた特徴であり、職場にはもっと様々な「さざなみ」がある。しかし、現代企業のいじめはこうした人間関係をバックグラウンドにすることによって起こされていることだけは確実である。

いつのまにか漂い始めている職場の閉塞感やイライラ感、そんな得たいの知れないものにつき動かされるようにして、職場でのパワーハラスメントが起こされている。そんな衝動をさしあたり、「職場のさざなみ」というくくりを与えておくことにする。

(2) 現代企業の人間模様

企業の中での人間関係は一段と難しくなってきているようだ。終身雇用が崩れ始めて、転職が当たり前となることで、全体的にどの会社も人間関係が希薄になってきていることは間違いない。そして、そこにもってきて、パートタイマー、派遣、下請け、契約社員、アルバイトなど、身分関係も会社も違う人たちが一緒に仕事をするのだから、人間関係が難しくなるのは、当然と言えば当然かもしれない。

しかし、現実にはそんな形式的なことだけで割り切れない深刻なトラブルを抱え込んでしまうケースも多い。特に深刻な場合は、そうした人間関係が陰湿ないじめへと発展してしまう。ふとしたことから、抜き差しならぬ人間関係となり、どんどんとそれが発展して異常とすら思えるいじめにまで発展してしまう不気味さは、現代社会のすさんだ人間の心のマグマが噴出するようで心寒い思いをさせられる。

突然の暴力

倉田京子（21歳）が、昼休みに事務所内でテレビを観ながら弁当を食べていたら、上司の平井が突然やってきて、「お前は本当に気がきかない女だ。日ごろからイライラさせるやつだと思っていたが、今日という今日は我慢ができない。ブッ殺してやる」と突然顔面を殴りつけ、髪を引っ張って、床に倒すという事件が起こった。同僚が間に入って、まだ殴りかかろうとする平井をやっとの思いで何とか止めたが、病院で治療をした結果は2週間の治療を要するとの診断だった。

一体何が起こったのか、倉田には当初、何が何だか分からなかった。しかし、平井の言葉をつなぎあわせてよくよく考えてみると、「上司のオレが仕事に追われていて昼休みにも仕事をしているのに、よくものうのうと食事ができる。おまけに、仕事のじゃまになるのにテレビまでつけやがって、どうしてそんなに気が回らないのか」ということらしかった。つまり、昼休み返上で仕事をしている中、その事務所の中で食事をしているだけでも気に触るのに、テレビまでつけてじゃまをしたので、ついカッとなって、と言うわけである。

「そもそも、あいつは仕事も遅いし、すべてにおいてマイペースでチームワークに欠ける。いつも人に対する気配りというものがない。これまでも我慢に我慢を重ねてきた」と平井は言うのだが、倉田の側からすれば「昼休みにテレビを観て、弁当を食べているのが何が悪いのョ。仕事の最中は息をつく暇もなく、昼休みでホッとしているのだから」と言うことになる。

性格の明るい倉田と、どちらかと言えば暗い部類に属する平井が何かにつけて折りが合わないのは周囲も知っていた。しかし、娘と同じ位の年でもある倉田相手に、そこまでムキにもなることはないだろうというのが周りの見方だったし、まさかこんなところまでこじれているとは誰も思ってはいなかった。だから、周囲も「ここまでひどくなっていたとは——」と驚きを隠せない。

こうした事件に発展するようなこれといった前触れはなく、事件は突然に起こってしまったのである。しかし、平井は「先日、上司の私に向かって、『あの仕事をちゃんとやっておいてくださいョ』と命令口調で言ったことがもう我慢できないと思ったきっかけだった」と言い「これまでも私にことあるごとにたてついてきたが、それに耐えに耐えてきた」と言うのだが、そのことについて倉田も周囲も理解はできないし、思い当たることもないと言う。

もっとも周囲には「そんな人のことをとやかく観察していたり、気を使うほど暇じゃあないよ」という冷たい声もあり、倉田にも「私だって忙しいのョ。何かと言えば自分だけ忙しいと思っているようなところがある人だったから——」と言う。

パート職場のボスにいじめられて退職

加藤幸子（43歳）は、クリーニング作業のパートタイマーを始めた。面接で、「パートだけの職場で人間関係が大変ですが、頑張ってください」と言われていたので、それなりに気をつけていた。その職場はパートばかり12～13名で働いており、人間関係で辞める人が多く、出入りが激しいため、仕事の量の増減が大きかった。

1か月ほどは何事もなかったが、その日は作業人数が10名に満たなくなり、割り当てにあまりにも差がありすぎることに思わず苦情を言った。ところが、手配をしていた班長から、「新入りは、鍛えなくてはならない」と言われ、「そんな、軍隊じゃあるまいし」とつぶやいてしまったことからにらまれてしまった。

「そんな口をきくのは、10年早い」「あなたは生意気な口をきくのだから、これからはそれなりの仕事をしてもらうよ」などと言われ、その日からいじめが始まった。会社は班長にパートの作業のとりまとめを任せきっていることから及び腰で、みんなも仕事の割り振りで差別されるのを恐れて反抗しなかった。

仕事の量を増やされ、少しでも遅れると「生意気な口をきく割には仕事ができない」と陰口をたたかれ、「みんなに迷惑をかけている」「自分勝手な女だ」「気取っている。何様だと思っているのだ」などと、みんなの前で罵倒された。

また、白衣を切られたり、手袋を隠されたり、チェックの伝票がいたずらされたり、仕上げの終わった洗濯物が一時的に紛失するなどの嫌がらせが繰り返された。耐えられなくなったので、会社に訴えたところ、逆に「『あなたを辞めさせなければ、職場の全員が辞める』という、苦情が出されている」と言われてしまった。会社も同情はしてくれているようではあるが、「全員からの苦情ということではどうしようもない。ここは、大人になって身を引いて欲しい」と言う。

「こうしたやり方を許すから、出入りが激しく安定した職場にならないのだ」と訴えたが、どうにもなりそうにない。

第4章

パワーハラスメントとは何か？

1　パワーハラスメントの構造

（1）その本質は〝職場の暴力〟

「口論でカーッとした江田が同僚の金本を刃物で刺した」という小さな記事が地方紙の片隅に掲載された。こんな小さな記事の中にも、当事者が説明しなければ分からない人間模様がギッシリと詰まっている。そして、そこには登場人物たちの独特のキャラクターによって生み出される数々の人間ドラマが展開されている。江田稔（28歳）の事件の場合は、典型的な職場でのいじめが背景になっていた。

職場のルールをめぐって

彼の勤務するガソリンスタンドは、他にも幾つかの会社を経営するオーナーが時々回ってくるだけで、いわゆる管理監督者という者がいなかった。だから、職場のルールもあまりキチッとしておらず、人間関係だけが頼りのルーズな運営が行われていた。

江田の説明によるとそのいじめは、職場に少し暴力的な金本建二（26歳）が入ってきた時から始まる。4人の従業員たちはそれまでは和気あいあいと働いていたが、暴力団にも関係しているという噂のある金本が入ってきたことで変わった。この金本に対する距離の取り方でみんなの間に微妙なバランスの狂いが生じるようになってきた。

最初のころのそれは、金本の横柄な態度とこれに対して妙にコビた姿勢をとる者が出てきたことによるものだ。金本が新参者であるにもかかわらず、これまでは新参者が担当した朝の掃除をやらないことがしばしば起きてきた。これを見て見ぬふりをしている者と「やっぱり、ルールはルール、放っておいてはまずい」との意見対立が出始めたのである。

江田は職場の先輩格ということもあって、「何とかしなければ――」という主張をしたが、ほかの3人は金本の暴力的な対応に恐怖を感じており、「触らぬ神にタタリなし、仕方がないからこれまで通りで何とかしていこうョ」という考えだった。そして、江田が金本に対してこの注意を行ったことから職場の人間関係が一変した。

「誰に向かってものを言っているんだ」「どこにそんなルールが書いてある」とわめき出した金本は、予想どおり一方的に江田を殴る蹴るの暴行に及んだ。そして、「今後オレに逆らうやつはこんなもんじゃ済まない、今日のことはなかったことだ。もし、何か今日のことで文句があるなら、人に言わずに直接オレに言いに来い」と言い放った。そして江田に対しては「これで済んだとは思うな。これからは言ったことに責任をとってもらうから覚悟をしておけ」と言い残したのである。

暴力が支配する職場

その日を境に、職場の雰囲気はガラッと変った。金本は仕事の最中でも身勝手な行動をとり始め、勤務中に抜け出すこともしばしばで、態度も横柄になってきた。同僚をアゴで使うようになり、特に江田に対しては酷く、問題の朝の掃除は「江田がやりたいんだろう。やらせようぜ」と金本が言い出して、江田が掃除当番の役回りになってしまった。その上、金本の気分次第でその掃除がよくできていないという難癖をつけられて、殴られたり、回し蹴りをされることもあったが、もう誰もとめる者はいなかった。

今回の事件の直接の引き金となったのは、金本の友人がガソリンスタンドに給油に来た際、江田が車に傷をつけたとのいいがかりをつけられて、弁償を請求されたことからだった。もちろん、身に覚えのないことで、いいがかりに決まってはいたが、もし、その請求に応じなければ何をされるか分からないし、応じたところで今後はさらにエスカレートしていくことは明らかだった。そして、思い悩んだ江田が思案の末に犯行に及んだ。

この事件を見ていると、何か学校でのいじめと同じ構造が職場に現れてきたような気がする。こうした事件が起こった時、学校でのいじめがそうであったように、いじめっ子を放置し、何にもしなかった周囲の人たちやいじめられっ子自身が抱えていた問題を指摘して非難することは簡単である。

しかし、学校や会社自身がシステムとして抱え込む人間関係のゆがんだ構造が、こうした弱い個人に投影されて起こっているという問題はないだろうか。とかく、個人のキャラクターに目を奪われて、こうした構造的な問題は見逃されがちのような気がするのだが、どうだろう。

このケースのように、ストレートに暴力が職場を支配しているようなパワーハラスメントは、ある意味では理解しやすい。パワーハラスメントが暴力による、ないしは暴力を背景として起こされ、また職場にはこうした暴走を止める力が働かないことがそのまま理解できるからである。

通常のパワーハラスメントは、こんなに単純ではない。権力や暴力の行使が巧妙に隠されたり、仕事上の指示にまぎれたりすることで、恣意的なものかどうかの判別も難しくなる。しかし、その本質は職場におけるある種の暴力であることは、共通した特徴である。

（2）どこで起きているのか

日本におけるパワーハラスメントを分析するためのデータは、まだほとんどないに等しい状態である。したがって、本格的な分析はこれからということになるが、とりあえずは、「職場におけるいじめに関する労働相談事例集」（東京都労働経済局〈現産業労働局〉平成11年3月）を手がかりに、パワハラとはどのようなものなのか、その実態について考えてみることにする。

このデータは、平成7年度から9年度の間に都内の各労政事務所に寄せられた労働相談とあっせんのうち、「いじめに関する相談」を分析したものである。

パワーハラスメントは一体、どこで誰に向けて起きているのだろうか。そのことを探るために、関連するデータをピックアップして、その特徴について概観してみる。

東京都のデータから被害者の多くは女性で正社員に多く、起きている場面は圧倒的に30人未満の小規模企業で、サービス業、卸売・小売業、飲食店である。しかし、こうした特徴を示す一方、実は、

表1　男女別の件数

性別	男性	女性	合計
件数	168	432	600
構成比	28.0	72.0	100.0

女性からの訴えが多く、全体の70％を占めている。

「30人未満」の小規模企業に多く、30人以上ではあまり変わらない。

表2　企業規模別件数

従業員数	30人未満	30～99人	100～299人	300人以上	その他・不明	合計
件数	208	104	85	117	86	600
構成比	34.7	17.3	14.2	19.5	14.3	100.0

「サービス業」に多く、「卸売・小売業、飲食店」が続く。

表3　業種別件数

従業員数	建設業	製造業	運輸・通信業	卸売・小売業、飲食店	金融・保険業	不動産業	サービス業	その他・不明	合計
件数	23	87	27	119	29	6	241	68	600
構成比	3.8	14.5	4.5	19.8	4.8	1.0	40.2	11.3	100.0

「正社員」が8割と多く「非正規」ではパート・アルバイトに多い。

表4　就業形態別件数

就業形態	正社員	派遣社員	契約社員	パート・アルバイト	その他・不明	合計
件数	417	29	13	83	58	600
構成比	69.5	4.8	2.2	13.8	9.7	100.0

男性にもあらゆる規模でまんべんなく、またあらゆる業種にわたって起きていることにも注目しておく必要がある。（前頁表参照）

つまり、一定の特徴はありながらも、〝いじめ〟と無縁な職場は決してありえず、いつでもどこでも起こりうるものであることを示している数字と言えるだろう。

（３）誰がどのようにやるのか

次にパワハラは誰がどのようにやるのかについて見ていく。

やる人の４割は「上司」であり、非正社員には「同僚」

調査は、「全体では『上司』がいじめの行為者となっている事例が約40％と最も多くなっている。また、企業の規模別に見ると、規模が大きくなるに従い、『社長・事業主』の割合が減少し、『上司』の割合が増加している。就業形態が、『派遣社員』『契約社員』『パート・アルバイト』の非正社員である場合に限ると、全体について見た場合に比べ、『同僚』が多くなっている」という指摘をしている。（表７参照）

上司または事業主という権限をもった逆らい難い人たちからのパワハラが多く、まさにパワーによるハラスメントであることが示されている。その一方で、弱い立場同士の場合の同僚間で起きるいじめも多いことが分かる。

男性には「退職強要および解雇」が多く、「暴力を伴う」。女性には「セクシュアル・ハラスメント」が多く「言葉による暴力」が特徴。企業規模が小さいと「言葉による侮辱」、大きくなるにつれて「出向・配転」が多い。

表5　男女別にみたいじめの具体的行為の上位6項目（複数集計）

順位	男女合計	男性	女性
事例件数	600（100.0）	168（100.0）	432（100.0）
第1位	セクシュアル・ハラスメント 135（18.5）	退職強要及び解雇 32（19.0）	セクシュアル・ハラスメント 120（27.8）
第2位	退職強要及び解雇 97（13.3）	仕事を強要、または与えない 21（12.5）	退職強要及び解雇 65（15.0）
第3位	言葉による侮辱 82（11.3）	出向・配転 20（11.9）	言葉による侮辱 63（14.6）
第4位	仕事を強要、または与えない 69（9.5）	言葉による侮辱 19（11.3）	仕事を強要、または与えない 48（11.1）
第5位	出向・配転 52（7.1）	暴力を伴う 15（8.9） 賃金、退職金にかかわる 15（8.9） セクシュアル・ハラスメント 15（8.9）	出向・配転 32（7.4）
第6位	賃金、退職金にかかわる 43（5.9）		賃金、退職金にかかわる 28（6.5）

（　）は構成比：％

内容としては男性にはリストラ絡みのいやがらせ、女性には圧倒的にセクハラ絡みが多いことが分かる。女性にはセクハラの数値が異常に高く、言葉による侮辱の数値も決して小さくない。こうした傾向から、いじめにあいやすい女性の職場での立場が浮かび上がってくる。（表5参照）

（4）パワハラの動機は何か

いじめの動機について調査は、「いじめがどのような動機から行われたかについて、相談者の主張をもとに分類を行った。本人に心当たりがない場合は『いじめそのものが目的』と分類した。具体的には、各事例を『解雇（整理解雇を除く）』『整理解雇』『いじめそのものが目的』『組合つぶし』『性的なもの』『その他』の6項目に分類し、1つの事例について複数の動機が含まれているものは、それぞれの項目について集計した。（表6参照）

全体では、第1位は、『いじめそのものが目的』『解雇』『性的なもの』が上位3項目となっている。男女別にみると、男性については『解雇』が、女性については『性的なもの』が第1位となっているが、第2位については男女とも『いじめそのものが目的』となっていると分析している。『いじめそのものが目的』というのでは、問いに問いで答えるようなもので分析したことにはならないが、これはおそらくすでに本書で、「職場のさざなみ」と分類を与えた内容に該当するものと理解できる。男女ともに、これが第2位となっており、職場の不協和音の高まりをうかがわせる。

いじめの動機は、「いじめそのものが目的」のように思われるものが多いが、男性には「解雇」、女性には「性的なもの」が多い。

表6　男女別いじめの動機（上位3項目―複数集計）

順位	男女合計	男性	女性
事例件数	600	168	432
第1位	いじめが目的 144（24.0）	解雇 48（28.6）	性的なもの 115（26.6）
第2位	解雇 132（22.0）	いじめが目的 40（23.8）	いじめが目的 104（24.1）
第3位	性的なもの 129（21.5）	整理解雇 15（8.9）	解雇 84（19.4）

表7　企業規模別いじめの行為者

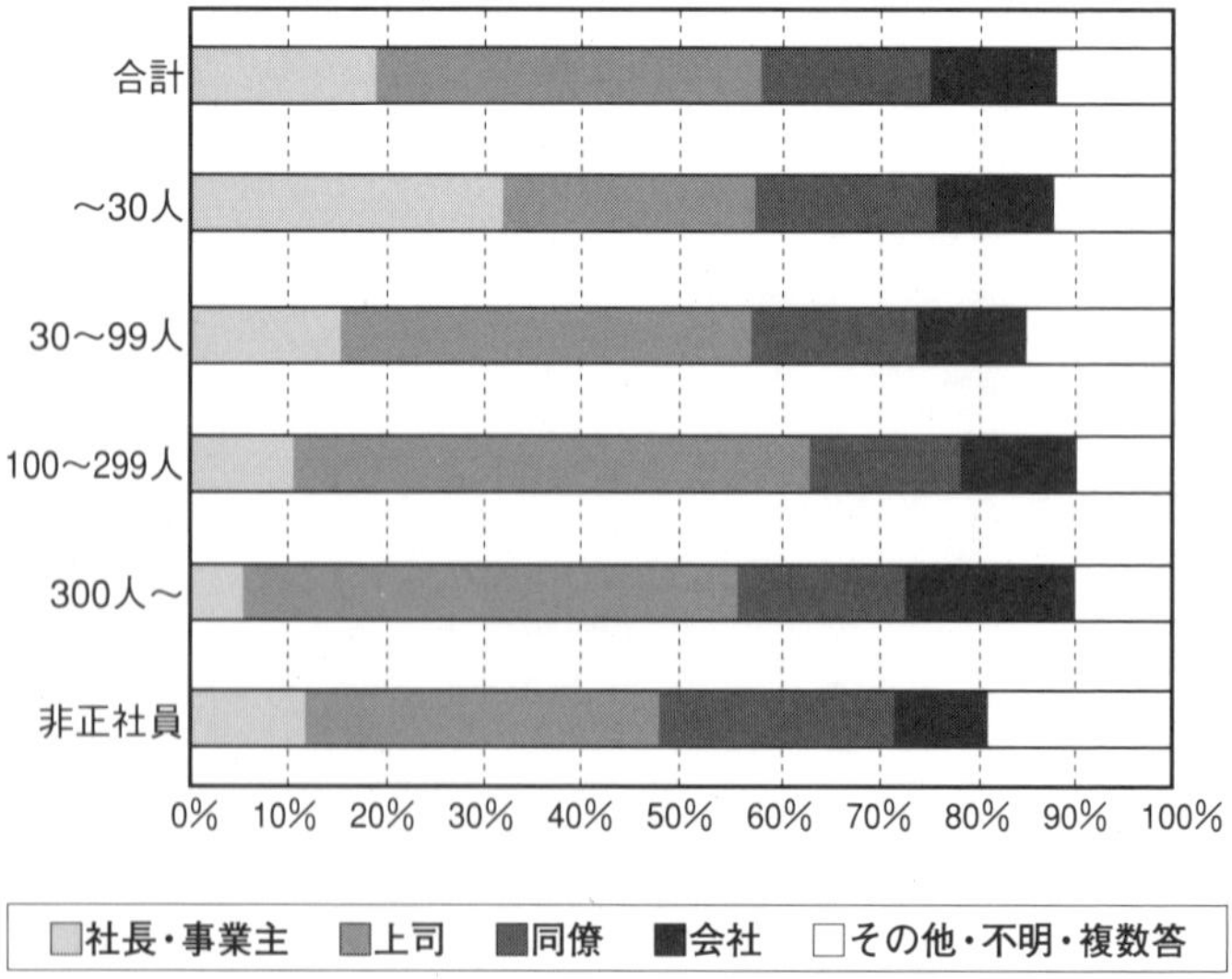

2 パワーハラスメントとは何か

過去にも学校のいじめがマスコミを賑わし、被害者の自殺が相次ぎ、その深刻さに驚かされた。そして、背景や原因についてもいろいろと議論がされたが、必ずしも納得のいく原因が発見されてはいない。まして、今日にいたるも根絶に向かっているという話も有効な手立ての話も聞かない。

むしろ、もっと深刻化しており、表面化していないだけだとする見方もある。いずれにしろ、依然として不幸な事件も後を絶たない。そして、こうした現状について傾聴に値する指摘としては、あくまでどこで起きるにせよ、「いじめ」は、その「組織がモラールダウンしたことによって顕在化する、いわば腐敗した組織に咲くあだ花的なものである」ということであろう。

そうしたいじめであれば、背景には学校組織のモラールダウンがあり、大きく言えば学校をめぐる環境そのものにメスを入れなければならないし、もっと視点を広げれば、子どもたちを取り巻く大人社会の病理とも深く関わるものだということである。

こうした視点に立てば、少なくとも〝職場におけるいじめ〟は、企業をめぐる環境の変化と、そこに生まれている会社組織のモラールダウンを視野に入れて見ていくことが欠かせない。

たとえば、リストラの嵐が吹き荒れる職場が無気力感にとらわれて、陰湿ないじめの温床になったり、男女差別が横行するモラールダウンした職場にはセクシュアルハラスメントが起きる。そして、業績一本槍の競争主義によって、相互の足の引っ張り合いが職場のいじめを生み出す。こんな背景を取り除かないかぎり、職場のいじめの根絶は難しいということである。

(1) それは労働問題である

リストラが職場のパワハラを顕在化させたように、パワーハラスメントとは職場における立場や地位を利用したいじめであり、まさに労働問題そのものである。言い方を変えれば、多くの労働問題のトラブルはパワーハラスメントとは無縁ではないし、労働問題とされる事件の多くには、いじめが絡む。

東京都の労政事務所では、都内で働く労働者の労働相談を受けているが、その数は実に年間5万件を超える。そこには、「解雇された」「賃金を払ってもらえない」「退職金を払ってくれない」「職場で差別を受けている」「セクハラを受けて困っている」「突然、転勤を命じられた」など、職場での多様な悩みが寄せられている。

2002年度の相談のまとめ（「平成14年度における労働相談及びあっせんの状況について」平成15年5月12日）によれば、その特徴は、

○労働相談件数は、前年度に比べわずかに減少（1412件、△2・7％）したものの、5万103件と2年連続して5万件の大台に乗っている。

○雇用環境の悪化を反映し、「解雇」「賃金不払い」が相談内容の4分の1を占めるとともに、「雇用

関連」「損害賠償」「職場の嫌がらせ」などに関連した相談が増加している。
○雇用・労働条件をめぐる個別的労使紛争などで「あっせん」を行った件数は1175件（前年度比△10・9％）であった。そのうち7割近い紛争が、労政事務所の仲立ちに基づく当事者間の合意により解決を見た。

となっており、まさに、不況を背景として労働相談が激増していることが分かる。そして、こうした労働相談内容のトップスリーは、①「解雇」②「賃金不払い」③「労働契約」であるとされ、次のような事例が挙げられている。

〈解雇〉

①営業職だが、会社が要求するノルマを3か月連続で達成できなかった。「この仕事には向いていないようだから辞めろ」と言われている。
②全国レベルでの事業所閉鎖が進んでいる。パートタイマーは配転できないので解雇だと言われた。
③先代社長との縁で定年後も働いていた。社長が亡くなったら急に辞めて欲しいと言われた。

〈賃金不払い〉

①親会社が海外生産を始めたので仕事がほとんどなくなった。会社は借金も返せず、給料もまったく出せない状態だと言っている。
②仕事がいやになって無断で退職した。社長が激怒し、最後の給料を払ってもらえない。
③会社の経営が厳しく、経費削減のため定時にタイムカードを押してからサービス残業している。

（労働契約）

①会社側から諸手当の廃止と成績主義賃金の導入を提案されている。

②従業員が削減されて連日残業になっている。会社に時間外手当を要求したら、年俸制適用者には出ないと言われた。

③派遣会社から「長期のお仕事です」と紹介されたのに、更新1回で雇い止めになった。

こうした相談の内容を見ていると、そのほとんどが、見方によっては〝職場におけるいじめ〟パワーハラスメント絡みであるというとらえ方ができる。辞めさせられた労働者の多くは、その理不尽な解雇に怒り、「賃金不払い」では、働いたにもかかわらず賃金を払ってもらえないと、その不当性を訴えている。

また、「その他」として挙げられる次のような事例も、限りなくいじめに近い相談であることを示している。

①在籍出向のまま系列会社に3年勤務しているが、出向元でリストラが進んでいて、「出向先の社員になるか、退職するか」の選択を迫られている。

②子どもが勤務先でいじめられてうつ病になってしまった（父親から相談）。

③同僚からセクハラめいた電子メールが再三送られてきていて、どうしたらいいか困っている。

④間もなく産休から復帰するが、会社は元の配属先に戻してくれないようだ。

（2）個人的な問題から社会的な問題に

マスコミはいじめの報道でショッキングな事件だけを取り上げ、ミゼラブルな現実を喧伝する。そんな事件が、あたかも特殊な出来事であるかのように取り扱うことで紙面を飾ろうとする。もはや特殊な問題ではないにもかかわらず、何か自分たちとは関係のない特別な事件であると決めつけないと落ち着かないかのごとくである。日本人の気質や、この種の議論に不慣れなことによる過剰な反応といえばそれまでではあるが、これでは職場の真実は伝わらない。

そして、なによりも見逃しにできないことは、個人的な特殊なレベルの問題にとどめて対応しようとする、その発想それ自体である。セクシュアル・ハラスメントの場合にも同じことが起きたことが思い出される。アメリカでも70年代の前半には、セクシュアル・ハラスメントは「個人的な問題である」と考えられてきた。

つまり「性的嫌がらせは女性全般に起こる問題ではなく、特に魅力的な女性に関して起こる問題である」「こうした行為は対女性だけではなく対男性にも起こりうる」「加害者である男性のそうした性癖をもつ個人的な行為であり一般化はできない」などとされていたのである。

この結果、加害者の個人的な判断による行為や上司の個人的性癖とされ、本当の原因の究明や理解が遅れてきた。性差別的な観点や、職務やその権限を背景に、職務に関連して起こることは無視され続けてきた。

裁判でも「たまたま、そうした性癖をもった上司からの性的な誘いを受け、それを拒否した故の差別であり、女性であるが故に差別をされたのではない」とされてきたのである。

実は現在の日本に受け入れられそうなこうした議論こそが、パワハラを訴える被害者にも大きな障害となっている。「やられる方にもスキがある」「付き合いを上手にかわしてこそ一人前の大人」「どこにでも嫌な人や気の合わない人はいる」などとすべて個人的な責任とされるため、多くの被害者が訴えることを断念し「泣き寝入り」してきたのである。

これは決して加害者や被害者の個人的な問題ではないし、個人のキャラクターのみで起こされるものではない。そして、そのことはいま、強調されすぎてもいいくらい強調しておかなければならないことである。

(3) それは人権侵害である

さて、そこでどのような説明をするにせよ、パワハラを説明する際に欠かせないことは、このいじめは「相手を傷つける行為であって、相手に対する差別的な行為である」という点である。言い方をかえれば、いじめとは、相手に対する人権侵害であるという点をしっかりと押さえることが大切だということだ。

①被害者の立場を知る

よく、このパワハラをめぐるトラブルの中で、加害者は「そんなつもりはなかった」と言う。それは、言葉をかえれば「相手がそんなに傷ついていることは知らなかった」ということである。つまり、自分が気がつかないうちに相手を傷つけてしまっていること、相手の立場を考えることができなかったということが背景にある。

また、例え話として使われる言葉に、「足を踏んでいる方は、踏まれている人の痛みは分からない」というものがある。つまり、加害者になっている人（踏んでいる人）は、被害者（踏まれている人）の足の痛さを理解できないということである。

いつの場合にも、この踏まれた痛さは、踏んでいる人はもちろん、隣で見ている人にもなかなか理解できないのは事実である。だから本人（被害者）が声をあげたら、当然にその人（被害者）の訴えに耳を傾けること、そして理解を示すことが大切だということでもある。

「無知より恐ろしいものはない」とも言うが、この例のように「相手の立場を理解せず」「相手の気持ちを理解せず」「相手の意に反して」自分の勝手な判断で相手を傷つけてしまうこと、もしくは相手に自分の身勝手な行為を押しつけてしまうことこそが問題なのである。

そして、そこには相手の意思を無視したり、相手の意思をないがしろにしてしまう差別的な姿勢があることを理解しなければならない。

セクハラの解消についても「自分が望むように相手にもすればいい。相手に対して自分がされたいように相手を尊重すればいい」という言葉がある。これは、相手に対して常に思いやる心と、相手に対して常に払う尊敬の意思があれば、決してセクハラは起こらないということを言っている。いじめについても同じことが言える。

②〝パワハラ〟と〝セクハラ〟

〝パワハラ〟と〝セクハラ〟の現実に沿って、それが人権侵害であることを考えてみることにする。「セクシュアル・ハラスメント」が外来語として日本に入ってきた時に、日本語に訳すにあたって一つの議論があった。それは、今日の訳語として用いられている「性的嫌がらせ」という表現が果たして適切かどうかということだった。

つまり、「性的嫌がらせ」という言葉では、人権侵害であるという意味を適切に伝えられないのではないかということだった。だから、「性的嫌がらせ」ではなく、「性的脅かし」、場合によっては「性的暴力」といった表現が適切ではないかという主張が繰り返された。

その主張というのは、性的なトラブルについて、加害者男性が一般的に問題をあまり重要視しない傾向にあるため、被害者女性の受けた被害の深刻さとのギャップがあまりにも大きすぎることが問題になったのである。そこで事実認識を共通にしていくためには、単なる「嫌がらせ」ではなく「脅かし」という表現が必要なのではないかというものだった。

確かに、この種の問題を男性の側は、「性的なからかい」や「性的ジョーク」ないしは「男女関係の延長に起こったよくある些細なトラブル」ととらえがちなことに対して、女性は「性的な脅威」や「脅かし」、そして、時には「暴力」であるととらえていることが多い。しかもその結果についても女性は「性的な暴力によって人間としての尊厳を踏みにじられた」、もしくは「性的な自分の意思決定を踏みにじられた」ととらえていることが一般的である。

パワハラについても、本当に理解しようとするには、そこには重大な、ある種の暴力的な人権侵害が起こっているという認識が必要となる。

もう一つの大切な視点は、「働く権利の侵害」ということである。日本で初のセクハラ裁判といわれた福岡セクシュアル・ハラスメント事件（福岡地裁、平成4年4月16日）で判決は「使用者は……労務遂行に関連して被用者の人格的尊厳を侵しその労務提供に重大な支障を来たす事由が発生することを防ぎ、またはこれに適切に対処して、職場が被用者にとって働きやすい環境を保つよう配慮する注意義務もあると解される」としている。

つまり、セクハラによって働く権利が侵害された、働く権利の侵害を防ぎ、働きやすい環境を保つのは使用者の責任であるとの判断を示したものと言える。パワハラを理解する場合にもこの視点は大切になる。パワハラの多くは、被害者を職場から追い出し、あるいは追い出さないまでも、労働意欲を削ぎ、働きやすい環境を損なうものであるからだ。

パワハラをめぐる裁判でも、まったく同様の趣旨で判決が出されている。「使用者は労働者がその意に反して退職するすることがないように職場環境を整備する義務を負い、また、労働者の人格権を侵害する等、違法・不当な目的・態様での人事権の行使を行わない義務を負っているものと解すべきである」(「エフピコ事件」水戸地裁下妻支部、平成11年6月15日)

身体的、精神的な苦痛だけではなく、自らの生活をかけた働く場を奪われ、あるいはそこでのいわれのない差別により、仕事をすることが困難になるという、いわば社会的な苦痛をともなうものであることを指摘している。だからこそ、企業としての取り組みが求められているのである。

(4) ストップ・ザ・ハラスメント

ハラスメントはそれがセクハラであれパワハラであれ、許し難い「脅かし」や「暴力」として共通の理解をしていくことが大切である。いずれにせよ、まさに、パワハラはセクハラでの男女の認識の差が、いじめの加害者と被害者に置きかわったものであるといえる。

アメリカでは、こうしたセクハラについて女性団体などがアンケート活動などを重ねてその深刻な実態を表面化させ、法律がつくられてきた。また、労働組合がこれらの対策に向けた国際的な「指針」の策定をリードしたことはよく知られている。

この通称「国際自由労連のガイドライン」と言われる指針を通して、セクシュアル・ハラスメントは世界各国への大きな流れとなり、今日の世界的な法規制への取り組みとなって来ている。

さて、こうした年代的な重ね合わせをしてみたからといって、アメリカのセクハラの歴史を日本のパワハラ問題が必ずしもなぞるというわけではない。ましてアメリカと同様の法規制や社会問題となっていくことへの確かな予測がある訳ではない。なぜなら、国際的な流れの中でセクシュアル・ハラスメントをめぐる動きを見た時、それはその国の伝統や社会的な背景の中でタイムラグをもち、しかも様々に表現を変えて現れているからである。

社会問題化した現象は同じでも、そのとらえる意識や社会構造、そして社会のシステムに違いがあれば、かならずしも均質な発展は約束されない。しかし、確実に言えることは『ストップ・ザ・ハラスメント』はその表現に違いはあっても、歴史的に大きな流れとなってきている。

例えば今、アメリカに遅れること15年、ようやく社会的な話題となってきたセクシュアル・ハラスメントも、日本の社会でどのような問題として発展していくのか、そして何が問題とされなければならないのかについて冷静な議論が必要になっている。

日本でのパワーハラスメントは、直接裁判に訴えるという解決方法を取るケースはまだ極めて少ない。そうした手段を取るのではなく東京都の労働相談などを通じて、まず労働問題としてクローズアップされてきていることはすでに指摘してきた通りである。

労働問題として表出してきた理由は、「〝いじめ〟が職場での働く権利の侵害となってきた」という点にあることは言うまでもない。そんな職場のパワーハラスメントが示していることは、それは差別であり権利侵害であり、モラールダウンした職場で起こされる問題だということである。

その意味ではいじめの起きるような職場は、職場環境や人間関係のメルトダウンが始まっているというクライシスサインを発しているのである。まさに〝ストップ・ザ・ハラスメント〟は緊急課題となっていると言ってもいいだろう。

〝ストップ・ザ・ハラスメント〟はいじめ被害者本人が闘うことによって解決するという方法もあるが、基本的には企業の職場環境整備の問題である。つまり、企業はそうしたことが起こらない環境をつくる、起こったら直ちに解決に当たることが求められている。

そこで、第5章では被害者としての対処法を、第6章では企業としての取り組みについて見ていく。また、第7章ではこのテーマとは切っても切れない問題としてメンタルケアについて考えてみたい。

第5章

やられたら、やり返せ！

1 勝てるいじめと勝てないいじめ

いじめは、パワーハラスメントである以上、その背後には当然のことながら力関係が大きく働いている。そこには圧倒的な力の差がある場合が多く、いじめに勝つというのは、口で言うほど簡単ではない。

しかし、相手の言動が理不尽なもので、時には違法不法なもので、社会的に見てもとても許されるものではないこともある。もし、そうした違法性がなかったとしても、被害者からすればとても耐えられない、許すべからざるものであることは間違いない。

こうしたいじめにどうしたら勝てるのか。また、何が足りなくて勝てなかったのか。そのことについて考えてみることにする。

(1) 対応事例でみる

解決に向けた方法を探す手がかりを求めるために、実際に相談を受け解決に当たっている行政機関の取り組みを参考にして考える。以下は、「職場におけるいじめに関する労働相談事例集」(平成11年3月 東京都産業労働局)の資料による実際に起きた事例である。

事例1 残業手当を請求したら、「満足に仕事ができない」と言われた

採用時の契約とは違う作業に従事している。このためか、残業手当やボーナスがほかの従業員よりも低いので、ほかの従業員並みに支払うよう要請したところ、社長やその家族から「作業ミスが多い」「満足に仕事ができない人に支払えない」「別の会社を探したらどうか」などの嫌がらせを受けている。

（製造業：10人未満：女性）

相談者Aは技能工として採用された。Aは「勉強のためにも他の作業もやってみた方がいい」という会社の方針で、採用時の契約とは違う作業に従事していた。このためか、残業手当やボーナスをほかの従業員と同程度に支払ってもらえなかった。

就職して1年たったころから、社長に残業手当とボーナスをほかの従業員と同じくらい支払うように要請していたが、応じてもらえなかった。

また、「作業にミスが多い」「満足に仕事のできない人にはほかの人と同じに支払えない」「残業に協力しない」などと社長に言われた。

この後、社長と話し合い、一度は働き続けることにしたが、一緒に働いている社長の家族からも「あなたが辞めないと会社がつぶれる」と嫌味を言われるようになった。

「最近は他の従業員の態度もよそよそしくなってきた」として、彼は労政事務所を訪れた。

一方、社長の話では「Aは会社が求める技能工としての技術水準に達していなかったので、勉強

のためにもほかの作業も覚えた方がいいと考え、本人の了解を得た上で現在の作業に従事させている。残業手当に一部未払いはあるが、経営状況が厳しいのでほかの従業員もカットしている状態である。ボーナスは全員に支給していない。

Aはこのことを知っていると思っていた。また、Aは最近休みが多くなり、仕事を覚える気持ちも見られないので『きちんと出勤するか、辞めるかどちらかにしてほしい』と告げた」とのことだった。

社長は、自分の家族の発言について「現場で一緒に仕事をしており、注意や指導という意味で言ったのだと思う」とした。また、他の従業員の態度については「いくら指導してもAは仕事を間違えるので、指導にあたった従業員が嫌味を言ったりしたことはあったと思う。またAは仲間が残業をしていても手伝おうとしない」と主張した。

労政事務所は、相談者の要望を入れて雇用継続を優先して調整にあたった。社長は雇用を継続したい意向も見せたが、相談者は社長の家族との関係改善は困難だとして、残業手当等の支払いを受けて退職することとした。

このケースでは、相談者の当初の意思は「なんとしても仕事を辞めたくない」というものだったことから、その意思を最優先にしたあっせんが進められている。しかし、一度はそうした解決に傾きかけたが、相談者の気持ちが「同族企業のような会社で、家族との関係がうまくいかなくなって

しまった場合の今後の不安」を感じ始めたため、急きょ退職を前提としたあっせんに切り替えたという経緯がうかがえる。

このケースを通じた、いじめ問題の解決を考える場合のポイントとは以下の2点である。

①職場に戻ることを目指すのか、目指さないのかは大事な選択肢であり、交渉を進める場合のポイントになる。そこで、最初の段階でしっかりと判断しておくことが大切である。

②その判断をする場合には、解決後の職場の人間関係を考慮に入れておくことが必要である。

事例2 遠距離配転され、指示された仕事はトイレ掃除

（小売業：90人：女性）

組織再編を理由に自宅から2時間かかる支店に配転された。しかし、そこの支店では、「具体的な仕事内容は、そのうちに決める。それまではトイレや階段の掃除をしているように」と言われた。

相談者Bは「会社の組織再編に伴い、自宅から2時間かかる支店への配転を通告された。しかしそこの支店では、『具体的な仕事内容はそのうち決める。それまではトイレ、階段の掃除をしているように』と言われ、この状態が3か月続いている。まるで、自分が辞めるのを待っているかのようだ」と労政事務所に相談、あっせんを求めてきた。

労政事務所は会社からも事情を聞いた上、Bの具体的な仕事内容を示すよう検討を促したとこ

ろ、「組織再編に伴い、大規模な人事異動があったので、仕事内容を決定するのに時間がかかった。以前の部署に戻すのは難しいが、仕事内容を明確にし、掃除はやめさせる」と回答した。

しかし、Bはこの回答には納得せず「会社には嫌気がさした。仕事内容を明確にするという話も実際にはどうなるかわからない。会社と労政事務所の立ち会いの場で確認したい」と主張した。しかし会社がこれを断ったため、あっせんを打ち切った。

このケースには、①本人の了解のない職務の一方的な変更である、また、②一方的な労働条件変更とその正当な理由の説明を欠くなどの会社側の問題があった。そうした問題点の是正を求める行政に、会社は対応せざるを得なくなっていた。しかし相談者側の、会社に対する不信感が異常に強かったため、感情的な対立に戻ってしまったケースである。

会社側にも行政の介入を嫌う気持ちが強く、せっかく解決の糸口が見え始めていたにもかかわらず、双方の不信感情が解決を困難にさせた事例でもある。

このケースの教訓としては、

①法的な問題点があれば、その解決に向けて行政は効果的な対応が可能である。

②逆に、行政は法律違反などの明確な問題点がなければ介入が難しく、このケースでも会社が改善の意思を示しているのに、さらなる指導にあたるには限界があった。

事例3 「遅刻が多く、仕事を覚えない」から「辞めてもらう」と

職場の上司や同僚から、仕事を教えないなどのいじめを受けていたが、ある時チーフから「遅刻が多く、仕事を覚えない」などの理由で「辞めてもらう」と言われた。このため解雇されたと解して出勤せず、解雇予告手当の支給と会社都合を離職理由とする離職票の交付を要求したが、会社は応じようとしない。

（サービス業：150人：女性）

相談者Cは、「上司であるチーフや同僚から、『仕事を覚えない、口をきかない、間違いが多く、仕事が遅い』とののしられるなどの嫌がらせを受けたが、我慢していた。しかし、ある時チーフから『遅刻が多く、仕事を覚えない。みんなが一緒に働きたくないと言っているので、辞めてもらう』と言われた。このため、解雇されたものと思い込んで、解雇予告手当の支給と離職理由を会社都合とする離職票の交付を要求したが断られた。

数日後、社長にこのことを伝えたところ、社長は『チーフの発言のことは知らなかった。申し訳なかった』と謝罪し、他の職場への配転を打診してきたが、これは拒否した」として労政事務所に相談に訪れた。

一方、会社は「チーフには人事権がないのだから、会社として解雇通告したとは言えない。また、チーフの発言についてはすでに謝罪している。今の職場では嫌がらせがあって、Cが働きにくいだろうと考えて、社長から配転を命じ、配転先も示した。会社としては解雇のつもりはなく、

現在は無断欠勤状態であると認識している。Cが退職したいのであれば、理由は当然『自己都合』となる」との主張であった。

労政事務所での話し合いの結果、会社はチーフの発言を解雇通告と認め、離職理由を「会社都合」とする離職票を交付することと、慰労金として給与の半分を支払うことで解決した。

背景にはいじめがあったが、最終的には解雇という労働問題となったケースである。純粋な解雇問題としても、解雇なのか、自己都合退職なのかをめぐるトラブルは多いが、このケースは解雇問題として比較的明確なものと言える。そこで、解雇問題として解決をみたのである。

このケースでは相談者の希望通りの解決にいたったいじめではあるが、解雇という労働問題としてはっきり焦点をしぼったので解決をみたのだとも言える。

事例4 「退職届を出せ」と言われ、拒否すると机がなくなった

勤務し始めて3か月たった頃、突然上司から「退職届を出し、これからは出勤しないように」と事実上、解雇を通告された。しかし、自分だけが解雇の対象となるのは、上司が自分を嫌っているためであり納得できない。退職届を出すことを拒否して出社したところ、机が隅に片付けられていて、仕事も与えられなくなった。

（サービス業：200人：女性）

相談者Dは勤務し始めて3か月たった頃、突然上司から「退職届を出し、これからは出勤しないように」と事実上、解雇を通告された。会社の経営状態が思わしくないとは思っていたが、自分だけが解雇の対象になるのは上司が自分を嫌っているためで納得できない。このため退職届を出すのを拒否して翌日出社したところ、自分の机が隅の方に片付けられ、仕事も与えられなくなった。その後も、出勤し続けているが、上司は「この人は会社とは関係のない人である」とみんなの前で言いふらしたり、自分を他の職場に強引に配置転換したりしていると相談に訪れた。

一方上司の話では、「Dの営業成績が悪いので一連の措置をとったものだ。また、Dの日常の言動は、職場になじまないので解雇通告をした」と主張した。

労政事務所は、整理解雇として合理的と言えるだけの理由も手続きも不足していると思われたので、解雇撤回と職場復帰について検討を求めた。しかし、会社の解雇の意思は固く、歩み寄りは見られなかった。

このケースは解雇についての理由も明確にされず、手続き的にも大いに問題があるが、会社はそうしたことを意に介さない悪質な対応を繰り返した。このような場合には労働者側の言い分に正当性があったとしても、それなりの法的な対抗措置を取らないかぎり効果的な対応にならない。

通常であれば、労政事務所などの指摘によって妥当な解決が図られることが多いのだが、労政事務所などの権限は両者の意見や法律的な判断により調整を図るにとどまることから、これ以上の処置を期待するのは難しくなる。そこで、解決を図るには、さらに強固な対応が求められる。労働基準監督署へ訴えることや弁護士と相談の上、裁判に訴えるなどの手段が考えられる。また、こうした強硬な手段を取る決意が明らかになった時点で、解決に向けて動きだすことも多い。

ここでの教訓は、まさに〝やられたら、やり返す〟がこうした争いごとには原則であるということだ。つまり、相手の出方によって、こちら側にもより強固な決意が要求され、その姿勢によって解決が図られるのである。

事例5 会社全員から嫌がらせ、働き続けられるか不安

所属する部署を中心として会社全体から様々な嫌がらせをされている。自分の意見は聞いてもらえず、精神的に不安定な状態になった。最近は通院し、睡眠薬を常用している。1か月後に会社が合併されるので退職するつもりだが、それまで働き続けられるかどうか不安である。

（設計：従業員数不明：女性）

相談者Eは、現在の会社で1年半ほど働いている。Eは2か月前くらいから嫌がらせを受けるようになった。具体的には、ロッカーをのぞく、上司が後をつけてくる、わざと仕事を与えない、根も葉もない噂を流す、電話を盗み聞きする、プライベートなことに立ち入る、などである。上司にも嫌がらせの事実を話したが、「神経が細かすぎるからだ」と言われ、相手にされなかった。

そのうち生理不順、食欲不振等の身体症状が出てきて、睡眠薬を常用、精神安定剤も投与されているとして労政事務所を訪れた。この時、Eには精神的にかなり不安定な様子がうかがえた。

この半月後にEと総務部長、次長の三人で話し合いを持った。しかし、Eが診断書を見せても信じてもらえず、逆に「嫌がらせを言われたら言い返せ」などと言われ、理解されなかったため、興奮状態になってしまった。

労政事務所から総務部長にEの話を伝えて事情を聞いたところ、「Eは被害者意識が強い。社員には嫌がらせをしないよう注意をしたが、みな、身に覚えがないので、納得できない様子だった。会社に診断書が提出された時は休ませた。また、会社の合併後も働き続けたいとの意思を確認している」と述べた。

労政事務所は会社に対して「嫌がらせの事実がないとしてもEは嫌がらせを受けているという気持ちが強いので、配慮して欲しい」と要請した。

その後、相談者からは嫌がらせも減り、働き続けられそうだとの報告があった。


いじめなのか、相談者の被害者意識が強いために起きていることなのか判然としないが、問題解決のためには、その判断が必ずしも前提となっていない事例である。このケースの特徴は会社も善意で解決を望み、相談者も働き続けることを最優先したことから、争いを避け、将来に向けた解決をしていることである。

いじめについては、時として事実関係をめぐる争いに終始しがちな傾向があるが、このケースのように、お互いの今後の努力を期待しあうことで解決が図られることもある。

事例6　上司からのセクハラで仕事に集中できない

上司からのセクシュアル・ハラスメントに悩んでいる。いくら拒否しても続くので、仕事に集中できない。

相談者Fは「男性上司Gから身体に触れる、肩をもむなどのセクシュアル・ハラスメントを受け、気持ち悪い思いをしている。いくら拒否しても続くので仕事に集中できない」として労政事務所を訪れた。

労政事務所からの連絡に、会社はFがセクハラで悩んでいることは初めて聞いたとした上で、「セクハラに該当するかどうかは、本人が不快と感じるかどうかが第一の判断基準となる」という労政事務所の見解に理解を示し、調査と対策を約束した。

その後、会社は「Fとの件に関して、Gには特に注意していない。しかし、職場の配置上FとGができるだけ一緒にならないように配慮するので、今後問題は生じないと思う」と報告してきた。これらの会社の回答を相談者は了解した。

比較的初期段階でのセクハラの訴えである。こうした行動を拒否したり、抗議をすることによって、さらなるいじめへとエスカレートするケースが多いのもセクハラの特徴である。

近年こうした訴えが増えているが、セクハラが定義され、法律で規制されることによって、訴えの内容も分かりやすく、問題点もはっきりしたため解決が容易になってきたという好例である。

事例7 上司に嫌われて、配転。拒否したら退職強要

技術者として勤務していた。新しく異動してきた直属の上司から嫌われ、その上司の苦情が原因で事務職の仕事への配転を命じられた。この配転を拒否したところ、退職をせまられた。

（サービス業：90人：女性）

相談者Hは、技術者として2年前から勤務していた。Hによると、「1年前に直属の上司がIに変わったが、このIは自分を嫌っており、社長に『Hと一緒に仕事はできない』と苦情を言ったようだ。自分は苦情を言われるような仕事はしていないのに、このIの発言が原因で自分は事務職の部署に配転された。

上司Iの発言が事実と違うことについては社長は分かっていたはずと思い、『配転は不当である』と抗議をした。しかしIは社長が頼み込んで働きに来てもらっている人なので『人間関係がうまくいかないのでは仕事に差し支える。会社を辞めてもらうしかない』と言われた」として労政事

務所を訪れた。一方社長は、「新しい上司とうまくいかないようなのでHに事務職への配転を打診したが、これに従うことができないならば、退職してもらうしかないと思う」と説明した。

この後、労政事務所において双方で話し合いを持ったが、両者の意思は変わらず、あっせんを打ち切った。

職場における人間関係の悪化を人事上の取り扱いで解決を図ろうとしたが、配転という人事上の措置と仕事上の評価が絡んで、難しくなってしまったケースである。

職種変更を伴う配置転換は、労働者にとっては重大な問題であり、法律的には、本人同意が必要となるのは言うまでもない。しかし、人間関係の調整から生じた配転の必要性という別次元の問題が絡んだため、会社としてはどちらの人材を選ぶのかという選択に迫られた。

その結果、会社が「被害者に退職してもらうしかない」との選択をした段階から、解雇問題に発展した。こうした人間関係から派生して、配転の提案をし拒否されたため解雇という流れが、会社の解雇に対する正当事由になるかどうかが問題となったケースである。

このケースに見られるように、いじめは職場の人間関係を背景にして起こり、職場内での解決を求めた場合にも簡単には解決できないことや、労働問題としても錯綜したものになりがちなのである。

さて、行政で取り扱った具体的な事例で、解決に向けての対応と問題点をみてきた。労政事務所には強制権限がなく、あっせん（当事者の意見調整による紛争処理）による解決を目的とすることから、法的規制になじまないものについては不調となるケースも多い。

そうした結果も含めて、行政相談と解決に向けた基本的なポイントについて簡単な整理をする。

行政相談の対応には幾つかの特徴が見られる。第一の点としては、いじめについては一般的に証明することが難しく、職場全体で行われたり、多数が関わることもあり、証人を立てることが難しいということである。証拠立てる手段もない場合の方が多く、主張も主観的になりがちである。そのため、相談者の主張と相手側の主張との調整に苦労している。ケースによっては、相談者側がメンタルな問題を抱えていることもある。その場合は、そもそも被害がそのことを原因にしているのか、いじめの結果としてそうした状態となってしまったのかの判断も難しい。

第二点目は、いじめそのものを規制する法律がないために、対応に苦慮していることである。そこで、解決の手法としては解雇や賃金などの確立した労働法上のルールや契約違反を問題として責任を求め、セクハラなどに対しては、法に基づく企業主の職場環境への配慮義務を問うなどの方法がとられている。

そして第三には、いじめの背景にはモラルダウンした職場環境があったり、その企業集団からの排除が目的となっているために、企業内での解決はきわめて難しいことである。

多くの場合、被害者本人の訴えがなかなか会社に受け入れられず、仕方なく外部に救済を求めてくる。しかし、行政など外部からの指摘があった場合でも、企業としての解決姿勢が極めて消極的であることもこの問題の特徴となる。

（2）解決に向けてのポイント

さて、こんな特徴を示すパワハラに対応するために、以下では、それぞれの解決に向けての問題点についてもう少し踏み込んで検討を加えてみることにする。

①いじめの立証

すでに幾度か触れてきたことではあるが、どのようなケースのいじめでも、被害者と加害者、さらには会社との間に意識ギヤップが出ることは避けられない。これは、いじめ問題につきもののことであり、そうであるからこそいじめが問題なのだとも言える。

そこで、これをどのように主張していくにせよ、サポートしてくれる人や相談相手を探し出し、その人には最低限の理解を求めておかなければならない。そのことは、主観的ないじめ行為を、より客観的なものにするための手だてにもなる。相談相手に理解を求めて説明しなければならないというプロセスを踏むことで、より問題の客観化につながる。

行政相談においても、あっせんなどにあたる職員自身がそのいじめを理解し、納得しないかぎり、相手側や会社への説得に当たることは難しい。事例5などは、被害者の被害者意識の強さを受け止めて、会社への対応を求めるという好例となっている。こうした第三者の理解が、いじめ解決のための極めて大きな要素になっている。

被害者がメンタルな問題を抱えてしまっている場合、いじめ内容の客観性が問題となりがちである。そのことをしっかりと踏まえて、絶えず立証の方法を念頭に置く必要がある。

②労働法規で対応

東京都のあっせん事例によって、職場のいじめの対応を概観してきたが、その広がりや深刻さを見ると、なぜこのようなことが職場で起きるのだろうかということと同時に、どうしてここまで放置されてきたのかという疑問が残る。

なぜ、そんなにひどい目にあっているのに、裁判に訴えることをしないのであろうか。相談者たちの声に耳を傾けると、「行動を起こすことが何にもならない」という無力感にとらわれていることが多い。そして、被害者たちは「抗議することはよい結果をもたらさないばかりか、かえって事態を悪くすると感じていた」とも述べている。

だからこそ、この問題はようやく労働問題という回路を経由して表面化してきたのである。言い方を変えれば、労働問題を経由してしか問題にできなかったということであり、そうした側面を見逃しにはできない。

実際に嫌がらせを受け、そのことを理由に自己退職などに追い込まれた被害者は、不本意な「解雇」であるにもかかわらず、「自己退職」をさせられ、そのために、①本来なら請求できる解雇予告手当（1か月）を失い、②退職金も自己退職扱い（通常「会社都合」の8割程度）の不利益を受け、③雇用保険の受給も3か月の待機期間（不支給）となる。

こうした被害を受けて、いわれのない嫌がらせに耐えた被害者も、その経済的被害の部分的回復の手段として労働問題で訴えるのである。筆者の経験からも、「嫌がらせは個人的な問題」として処理してしまおうと努力したのに、「これほど傷つけられた上に、経済的にも損失をこうむるのは我慢ならない」として訴えてくるケースは多い。

しかし、いじめに対する法的な規制が明確になっていないことから、行政相談などでもあくまで労働法の狭い枠組みで対処せざるをえず、かなり限られた条件の中で対応していることが分かる。仮に、いじめを正面からとりあげようとしても、相手側の否定にあうと、それを証拠立てたり、裏付けることは難しいし、法的な後ろ盾もないことから消極的にならざるを得ないのである。

事例1では、いじめ自体は認めているが、本人にも問題があり、加害者側にも言い分があるとされ、事例2では、会社が話し合いを拒否し、事例4は会社が被害者の言い分を否定している。

こうした困難な状況とは別に、事例6のセクシュアルハラスメントのような「企業の配慮義務」ではあるが、法律的な判断基準が出されているパワハラについては、比較的筋道を踏んだ解決にいたっている。配慮義務というささやかなものであっても、法律規制の有無による差がここではうかがわれる結果となっている。

また、解決に結びついた事例1、事例2などでは、いじめそのものを解決するのではなく、労働問題となっている部分の解決を図ることでパワハラの解決をしている。つまり、いじめの結果生じている労働法上の問題を取り上げることでその解決に持ち込んでいるものといってもいいだろう。

以上のようなことから、職場のいじめについての直接的な法律規制がない中で、多くは労働関係法の活用によって解決を求めており、セクハラについては、「企業の職場環境の配慮義務」を足がかりとして、ある程度の解決を図っていることが分かる。

③難しい企業内での解決

事例2、事例4、事例7がそれぞれ打ち切りとなっているように（取り上げない事例にも「打ち切り」が多い）、企業内でのいじめの解決はきわめて難しいことが分かる。こうしたいじめの訴えについて、企業は依然として「個人の問題」であり、そうでなくとも「社内のことであり、外部が関与して欲しくない」という取り扱いをする。

また、いじめは企業の風土と密接に関わって起こされている場合も多く、その行為が企業としては暗黙の了解事項となっていることもある。従って、企業内部では「いじめられる方に落ち度がある」のであり、「被害者本人の責任である」と考えられていることが多いのである。

そんないじめであれば、何とか解決した場合でも、企業サイドや加害者にすれば「やむを得ない選択」だったり、「いやいやながらの和解」だったりということがしばしばである。まさに、やむを得ない手段としての和解であれば、その体質を改めたり、再発防止に努力が払われることも少ない。

だから、被害者の側も形式的な謝罪を受け入れて和解し、職場には戻らないという現実的な選択をせざるを得ないのである。和解についても、すでに触れたように労働問題としての金銭解決が中心であり、いじめそのものについてはあえて触れない解決である場合も多い。

また、このいじめ問題では職場の人間関係がテーマでもあり、「これまでのいきがかり」や「過去のことをすべて水に流して」という問題解決を図るのは難しい。そこで、事例1、事例2のように被害者が職場を去ることが前提となった解決になりがちなことも一つの特徴となる。

2　労働法規を活用する

すでに見てきたように、いじめ全体が解決の難しい問題である中で、労働問題として解決を図っているという現状がある。それは、いじめを直接に規制する法がないからのやむを得ない手法であり、必ずしもそうした現状でよしとするわけにはいかない。

いずれ、いじめそのものを規制する法を求めていかなければ、現在の異常な職場のいじめの根絶は図れないであろうし、第4章で触れた〝ストップ・ザ・ハラスメント〟も実現できない。

ただ、これまで積み重ねられてきた解雇規制を始めとする職場の労働法ルールや、若干ではあるが法規制が進んだセクハラの是正は、いじめの歯止めへの手がかりをもち始めている。

そこで、いじめ問題の取り組みを進める上で大いに参考になると思われる労働法上のルールや、セクハラが法規制された内容と、今日的なセクハラを取り巻く状況について簡単に触れておく。

（1）職場の労働ルール

労働法分野では、これまでの裁判の積み重ねや労働運動の功績によって、多くの労働者保護の規制がある。そうしたものの中から、パワハラ絡みで活用できそうなものをピックアップしてみる。

労働条件を一方的に労働者に不利益に変えることはできない

会社は、就業規則を作成、変更するときには労働者の意見を聞かなければならない。しかし、会社は労働者の意見を聞けば、いくらでも労働条件を変えることができるわけではない。

いわゆる「就業規則の不利益変更」といわれるケースで、裁判は「新たな就業規則の作成又は変更によって、労働者に不利益な労働条件を一方的に課すことは許されないが、合理的なものであるかぎりは可能である」と言っている（**秋北バス事件、最大判昭和43年12月25日**）。

このことは、言い換えれば合理的な理由、つまり誰からみても納得のいくような理由がなければ、労働条件を一方的に変更することはできないということである。

勝手に給料を下げることはできない

たとえば、就業規則に「遅刻を○回で、罰金として賃金から△円カットする」と定めてあった場合、こうしたペナルティーには制限があり、一方的に決めた額を勝手に引くことはできない。具体的には、この場合、減給1回につき、その金額は平均賃金の1日分の半額を超えられない。

また、こうしたペナルティーの回数が重なる場合には、その合計額が一定期日に支払われる賃金総額の10分の1を超えてはならない（**労働基準法第91条**）。

解雇ができる場合は法律で制限がされている

解雇というのは、会社の一方的な意思で労働契約を終了させる行為であるが、いつでも自由にやれるものではない。法律は、解雇してはならない場合について、次のように定めている。

〈労働基準法〉

①労働者の国籍、信条、社会的な身分を理由とした解雇（第3条）

②原則として、労働者が業務上の怪我や病気がもとで療養するために休んでいる期間及びその後出勤し始めてから30日間、女性労働者が産前産後休業をとっている期間と、その後出勤し始めてから30日間の解雇（第19条1項）

③労働者が、会社が労働基準法に反している事実を、労働基準監督署に申告したことを理由とする解雇（第104条第1項）

（労働組合法）

①不当労働行為にあたるような解雇（第7条第1号）

（男女雇用機会均等法）

①女性であることを理由とする解雇（第8条第1項）

②女性労働者が結婚・妊娠・出産したこと、出産休暇をとったことを理由とする解雇（第8条第3項）

（育児・介護休業法）

①育児休業の申し出をしたこと、育児休業をしたことを理由とする解雇（第10条）

②介護休業の申し出をしたこと、介護休業をしたことを理由とする解雇（第16条）

解雇は予告するか、解雇予告手当を支払わなければならない

会社は、労働者を解雇しようとする場合、労働者に少なくとも30日前に予告するか、予告しない場合には30日分以上の平均賃金を支払わなければならない（**労働基準法第20条第1項**）。

解雇には合理的な理由が必要であり、なければ無効

会社が労働者を解雇する場合は、「合理的な理由」がなければ認められない。改正労働基準法では、「解雇は、客観的に合理的な理由を欠き、社会通念上相当であると認められない場合は、その権利を濫用したものとして、無効とする」（第18条の2）としている。「合理的な理由」というのは、普通の人が聞いて納得ができるような理由ということである。

解雇の事由は、就業規則に記載する義務がある

労使当事者間における解雇される場合の理由についての事前の予測可能性を高めるため、就業規則の必要記載事項として「解雇の事由」を記載することを法律上明確に義務付けられている。（改正労働基準法第89条第3号）

労働契約の労働条件に「解雇事由」を明確にしなければならない

労働契約の締結に際し、使用者が書面の交付により明示すべき労働条件として、「退職に関する事項」に「解雇の事由」が含まれることが明確化することが省令として定められる。

解雇を予告された労働者は、解雇証明書を請求できる

解雇を予告された労働者は、解雇前においても使用者に対し、解雇の理由について記載してある証明書を請求できることが改正労働基準法第22条第2項に定められた。

整理解雇には四つの条件がある

整理解雇をする場合には、会社は四つの条件をクリアしていなければ認められないというのが、裁判所の考え方である。その条件とは、

①整理解雇の必要性……会社の維持・存続を図るためには、整理解雇が必要かつ最も有効な方法であること。

②解雇回避の努力……新規採用の中止、希望退職の募集、一時帰休の実施、関連会社への出向など会社が解雇回避のための努力をしたこと。

③整理基準と人選の合理性……整理解雇の対象を決める基準が合理的かつ公平で、その運用も合理的であること。

④労働者との協議……解雇の必要性や規模・方法・整理基準などについて十分説明をし、労働者に納得してもらう努力をしたこと。

職種や勤務地の約束を変える配転は無効である

労働契約などで職種が決まっていたり、勤務地が限定されている場合の配置転換（転勤など）は、無

効である。特に、配転では職業上、生活上の不利益が生じることから、業務上の必要性と労働者のこうむる不利益のどちらが大変かの比較で判断される。

業務目的以外の、嫌がらせや組合活動の嫌悪などの目的が明確になれば、この配転は権利濫用で無効となる。

(2) セクハラが法規制されて

1997年の男女雇用機会均等法の見直しに関連して、セクシュアルハラスメントに関する使用者の配慮義務が法制化された。具体的には、「女性労働者の就業にあたって注意すべき措置」に「職場における性的な言動に起因する問題(セクシャル・ハラスメント)に関する雇用管理上の配慮」が盛り込まれた。

この法規制を受けて、職場での取り組みを具体的に進めるために、定義がされガイドラインも示された。日本で始めてセクハラの法規制がなされて約6年、職場におけるセクハラ事情はどのように変わったのであろうか。

①定義をめぐって

法規制がされたとはいえ、こうしたにわかな動きが米国三菱自動車の事件の影響など、いわゆる外圧によるものであったことや、セクハラについての十分な理解がされていない中でのものであったことは、よく知られる通りである。

また、このセクハラは、その国の労働者の性意識や職場環境と深く結び付いたものである。したがって、日本と輸入先のアメリカでは必ずしも性をめぐる意識や事情は同じではないことや、そのバックグラウンドとなる雇用環境の違いが絶えず問題となってきた。

こんな問題点を含みながらも、とりあえず定義やガイドラインはアメリカの対策に全面的に依拠して決められた。だから、その後の動きを見ていると、こうした輸入された定義や取り組み方法に多くの戸惑いが依然として見られる。

アメリカでは、１９７０年代の始めから、上司から性的な関係を強要されたり、職場での不快な性的からかいを受けることを性差別として問題にしてきた。そして、その被害をセクシュアル・ハラスメントと名付けて、公民権法第７編違反とした。その後、裁判や行政のガイドラインで二つのタイプに分類されて定義された。それは、よく知られるように、

・対価型……女性労働者の意に反する性的な言動に対する女性労働者の対応によって、その女性労働者が解雇、降格、減給などの不利益を受けること。

・環境型……女性労働者の意に反する性的な言動により、女性労働者の就業環境が不快なものとなったため、能力の発揮に重大な悪影響が生じるなど、その女性労働者が就業する上で見過ごせない程度の支障が生じること。

こうした考え方を受けて、日本でも同様に定義されることになった。

②セクシュアル・ハラスメントのパターン

とりあえずの定義がされたが、日本的な実態も考慮に入れて、より理解を深めるために、その典型例を挙げて周知が図られた。

(対価型の事例)

対価型の例としては、

・事務所内において事業主が女性労働者に対して性的な関係を要求したが拒否されたため、その女性労働者を解雇すること
・出張中の車中において上司が女性労働者の腰、胸などに触ったが、抵抗されたため、その女性労働者について不利益な配置転換をすること
・営業所内において所長が日ごろから女性労働者にかかわる性的な事柄について公然と発言をしていたが、抗議されたため、その女性労働者を降格すること

というものが挙げられている。この対価型は、日本でも比較的理解しやすいとされている。

(環境型の事例)

一方の環境型は、幅広い概念で、分かりにくいこともあり、その形態に注目して三つにパターン化して例が挙げられている。

――身体接触型

・給湯室において上司が女性労働者に対して抱きついたため、出勤するのがつらくなっていること

・事務所内において事業主が女性労働者の腰、胸などに度々触ったため、その女性労働者が苦痛に感じて、その就業意欲が低下していること

――発言型

・同僚が取引先において「性的にふしだらである」などの噂を流したため、その労働者が苦痛に感じて、取引先に行くことができないこと

・会社内で顔を合わせると必ず性的な冗談を言ったり、容姿、身体に関することについて聞く男性労働者がおり、女性労働者が非常に苦痛を感じていること

――視覚型

・女性労働者が抗議しているにもかかわらず、事務所内にヌードポスターを掲示しているため、女性労働者が苦痛に感じて業務に専念できないこと

③雇用管理上配慮すべき事項のガイドライン

こうしたセクハラの概念を明確にするとともに、職場でのセクハラ規制のためのガイドラインも出された。職場で具体的に配慮すべき事項として決められたガイドラインは、次の三点であり、具体的な取り組みと合わせて示すと次のようになっている。

――事業主の方針の明確化及びその周知・啓発

事業主は、職場におけるセクシュアル・ハラスメントに関する方針を明確化し、労働者に対してその方針の周知・啓発をすることとし、その具体例としては、

・社内報、パンフレット等、広報または啓発のための資料等に職場におけるセクシュアル・ハラスメントに関する事項を記載し、配布すること

・服務上の規律を定めた文書に職場におけるセクシュアル・ハラスメントに関する事項を記載し、配布または掲示すること

・就業規則等に職場におけるセクシュアル・ハラスメントに関する方針等を記載する。

・労働者に対して職場におけるセクシュアル・ハラスメントに関する意識を啓発するための研修、講習等を実施する。

――相談・苦情への対応

事業主が相談・苦情への対応の窓口を明確にする例としては、

・相談・苦情に対する担当者をあらかじめ定めておくこと

・苦情処理制度を設けること

――職場におけるセクシュアル・ハラスメントが生じた場合における事後の迅速かつ適切な対応

事業主は、職場におけるセクシュアル・ハラスメントが起きた場合には、迅速かつ適切な対処をしなければならないが、具体的には、

・相談・苦情に対応する担当者が事実の確認を行うこと
・人事部門が直接事実確認を行うこと
・相談・苦情に対応する担当者と連携を図りつつ、専門の委員会が事実関係の確認を行うこと

3 やられたら、やり返せ！

これまでは、個人の立場からパワハラに対抗するための手段について考えてきた。そこには組織集団に身を置く以上、様々な人間関係があり、好むと好まざるとに関わらず、そこでのあつれきにさらされることも、ある意味では仕方がないという現実がある。

20代、30代の若い世代であれば、第1章で取り上げた谷口弘子のように、受難を主体的に跳ね返すエネルギーや、納得のいく解決によって次の職業人生につないでいくという選択肢もある。しかし中高年ともなると、そうした前向きの解決というよりも、職業人生の総決算としての知恵を駆使した解決や、生き方を賭けた選択をせざるを得ない場合もある。

被害者はいつまでも悲劇のヒーロー、ヒロインを演じているわけにはいかない。だから少なくとも、現状を変えるための〝やられたら、やり返せ！〟という決意が必要だ。いじめ問題への取り組みは、どんな場合にも、被害者にとって四面楚歌に見える状況がスタートラインになる。

〝やられたら、やり返す〟。少し過激なメッセージではあるが、これがなければ状況を変えることは難しい。いじめはパワープレイであるから、いつの日も弱い立場の者に向けられる。その流れを変えるには、パワーはなくとも強い意志は不可欠であり原点だ。

すでに見てきたように、加害者は上司であり、社長であり、店長であったりと、権限を持ち、抵抗し難い相手であることが多い。そして、被害者は部下であり、派遣スタッフであり、アルバイトであったり、女性であったりと職場では弱い立場の者が多い。

いじめは、こうした圧倒的な力の違いを背景にして起きている。そして、その力関係をさらに支えているのが、反抗できない被害者側の事情である。そんな図柄をひっくり返すには、自分に対する強いメッセージが不可欠となる。

年功序列から成果主義への労務管理のドラスティックな転換期にあって、働く人たちの環境は大きく変化しようとしている。こんな時代であればこそ、何のために働くのか、何のために仕事をするのかを見つめ直し、生き方を問うことも必要になる。

働き続けるための強い意志と決意を得て、はじめて〝やられたらやり返せ〟という意気込みが生まれる。こんな時のスローガンは、「パワハラに負けるな」「やられたら、やり返せ！」である。

第6章

企業が抱えるパワハラという爆弾

1 なぜ対応しなければならないのか

パワーハラスメントは、個人の問題ととらえられ、特殊な事件と思われてきた認識が確実に変わりつつある。それは、職場の労働問題に多くの影を投げかけていることが明らかになり、裁判などで外部からも責任が問われ始めてきたからである。

(1) 裁判で争われるケースも

近年になって、すでに見てきた労働相談だけではなく〝職場のパワハラ〟そのものが遡上に乗せられて争われる裁判も増えてきた。こうした裁判を通じて、職場のいじめがクローズアップされ、どのようないじめがあり、何が問題なのかも明らかになり始めてきた。

訴訟ということになれば、企業イメージはもちろん、時間的・経済的損失は計り知れないものとなる。そこで、近年、職場におけるパワーハラスメントが労働問題として争われ、企業責任が問題にされた裁判例を概観してみることにする。

職場における人間関係をめぐるもの――関西電力事件（最高裁　平7・9・5）

特定の政党の同調者であることから、職場の内外で監視し「極左分子である」「経営方針に非協力的」などとして、他の従業員から孤立させ、ロッカーを開けて私物の手帳の写真撮影などをした事件で、最高裁は、「職場における自由な人間関係を形成する自由を不当に侵害する」とした。

職場環境配慮義務をめぐるもの――福岡セクハラ事件（福岡地裁　平4・4・16）

上司が、会社内外の関係者に対して、部下である女性の異性関係について非難し、彼女の評価を低下させ、会社にいづらくさせた事件で、「使用者は、……労務遂行に関連して被用者の人格的尊厳を侵してその労務提供に重大な支障を来たす事由が発生することを防ぎ、またはこれに適切に対処して、職場の被用者にとって働きやすい環境を保つよう配慮する注意義務もある」とした。

退職強要をめぐるもの――エフピコ事件（水戸地裁下妻支部　平11・6・15）

違法な配転命令や様々ないやがらせによる退職強要を受けて退職した労働者が慰謝料を請求した事件で「使用者は労働者がその意に反して退職することがないように職場環境を整備する義務を負っている」とし、会社の嫌がらせに「原告らが有する意に反して退職させられない権利を侵害したものであるから、債務不履行ないし不法行為を構成する」とした。

降格処分をめぐるもの――バンク・オブ・アメリカ・イリノイ事件（東京地裁平7・12・4）

33年間の課長職からライン職に降格され、従来は契約社員がやっていた受付業務に従事させられ、その後は他の仕事も与えられたが、昼休みの時間帯は受付業務に従事させられた。これに対して、受付業務への配転は、原告の人格権（名誉）を侵害するもので、原告を退職に追いやる意図があり、裁量権を逸脱した行為であるとした。

配転・降格をめぐるもの――フジシール事件（大阪地裁　平12・8・28）

技術開発に従事していた管理職が、退職勧奨を拒否したため部長職を解任され、工場に配転させられた。これに対して仮処分を申請して配転が無効となったことから、会社は出向命令を出し、ゴミの回収作業に従事させた。裁判所は、配転命令は業務上不必要な嫌がらせで無効とし、降格処分も就業規則の要件や手続きを尽くしていないとして無効とした。

制裁的ないじめをめぐるもの――東芝府中工場事件（東京地裁八王子支部平2・2・1）

所属長が部下に対して、頻繁な注意と反省文を書かせるなどを繰り返したことから、部下である労働者が心因反応を示し、欠勤するようになったと訴えた。裁判所は、安全や機械の操作等に関した注意をしたり、反省文を書かせることは適切な行為ではあるが、休暇をとる際の電話のかけ方のような申告手続き上の軽微な過誤について執拗に反省文等を作成するように求めたり、後片付けの行為を再現するように求めた行為は、従業員に対する指導監督権行使の裁量の範囲を逸脱するものとして違法とした。また、反省文等の作成を求めたことが遠因となって、心因反応となり、早退、欠勤に至ったとして、損害賠償を認めた。

近年の裁判の中でも、パワハラが直接的なテーマとなったものを取り上げた。当然のことながら、ここでもリストラに絡む嫌がらせや、セクハラをめぐるいじめを争うものは多い。そして共通することは、労働問題つまり職場の〝パワーハラスメント〟として、解雇や配転などの不利益な扱いをめぐる裁判が多くなってきていることである。

(2) 従業員のモラールダウン

裁判などで、企業が責任を問われることはもちろんだが、そうした事態にならないまでも、パワハラが企業にもたらす悪影響は無視できない。それは、企業のモラールダウンを引き起こすことをはじめとして、あたら有能な人材をダメにしてしまい、生産性が落ちることにつながる。

そんな現実を直視して、労務管理のテーマとして取り上げ、事前に対策をすることがこうしたリスクを回避する有効な手段となる。まずは、それぞれの労務管理上の課題となる現実を見ることにする。

有能な人材をパワハラで失う――新しい上司から嫌われて退職

技術職として勤務していた柏原光男(32歳)は、異動してきた新任の上司に嫌われた。上司はすべてに白黒をはっきりさせる性格で、柏原はあまりはっきりした物言いが苦手だったから、何となくソリが合わなかった。そこにもってきて、柏原の開発した技術が社内で高い評価を受けていることも、上司は気に入らなかった。「あなたは自分の技術を鼻にかけている。キミとは口をきくのも嫌だ」と面と向かって言われたこともあった。

嫌われていることは分かっていたが、最近ではことあるごとに嫌味を言われ、上司が機嫌の悪いときには些細なミスで怒鳴られるようになった。その上、上司は人事のヒアリングで「柏原とはこれ以上一緒にやっていけない」と言ったらしく、その後、彼の配転の話がもちあがった。

人事部は「柏原の技術は当社になくてはならない技術であることは認めるが、上司に逆らう態度はよくない。上司としての判断も尊重しなければならない。キミの技術は配転先でも生かせる」として配転に踏み切った。

柏原にすれば、「仕事を知らない上司に、仕事外での感情によって振り回されるのは納得できない。仕事での落ち度や会社の業務の都合で配転されるなら分かるが、個人的な感情で配転されるのはおかしい」と人事に直訴したが、認められなかった。

仕方なく、他の会社からの引き抜きの話をきっかけに、自ら退社を決意した。慌てた総務部長らが、柏原の慰留をしたが彼の決意は変わらなかった。彼がいなくなったことで、上司が部門を任されたが、まったく彼の穴を埋めることはできなかった。

やむなく部門閉鎖に踏み切らざるをえなくなった会社は、ようやく事態が上司の責任で起きたことに気づいた。そして、遅ればせながら事態の責任から上司に退職勧告をした。

職場の労働意欲喪失（モラールダウン）状態となる――社内派閥が仕事に影響

映画の製作配給を業とする会社に勤務する高部久子（33歳）は、長年、PRを中心とする仕事をしてきた。ところが、部門統合で、従来の編集部門と営業部門が一体となって営業部となったことで、PRのセクションもそこに吸収されることになった。

これまでは、比較的作品中心のPR製作をしてきたが、今度は営業を全面に押し出したPR製作という路線がとられるようになってきた。こうした中で、従来からあった編集と営業の派閥が仕事上の確執や対立に発展した。

PR製作のセクションは従来は製作ラインだったが、営業中心のラインに編成されたため、高部は、営業系の人たちに囲まれる形になった。あまり派閥は意識しない方だし、関係ないと割り切ってきたが、仕事のやり方などでズレが出始め、いじめとなってきた。

PR製作での議論であまりにも営業的なやり方をすることに耐えられず、「そうした作り方では、作品の趣旨を損ねる」「あまりにも、〝売らんかな〟のやり方では、すぐ行き詰まる」などと発言したことから、「生意気だ」と全員から非難された。

以降、何をやっても派閥的な見方をされて、「そんなやり方だから、PRがダメだったのだ」とことあるごとに決めつけられて非難された。自分の考えを聞かれるので素直に答えると、「独善的だ」

「自己中心的だ」と非難され、時には自分の任された仕事を全部否定され、やり直しをさせられることもあった。

こんなことの繰り返しで、高部はうつ気味となり、自分の考えが整理できなくなったり、一つのことを続けることが難しい状態になってきた。派閥的なことに気を使う毎日で、時々、自分のやっていることが虚しくなり、すべてを放り投げてしまいたくなる。

パワハラで職場がモラールダウン――軽微なミスにも始末書、揚げ句の果てに退職強要

秘書業務をしていた江田香織（36歳）は、「仕事上のミスが多く秘書業務はつとまらない」として自主退職を求められた。きっかけとなったのは、「大事な取引先に出すメールを遅れて出したことで、社長名で謝罪文書を出さなければならなくなった」ことが直接の理由だった。

しかし、「以前から些細なことで始末書を取られており、今回の事故も本当のことかどうか分からない。メールを頼まれた時も、特段急ぐ様子ではなく、通常の処理をした。だから、計画的に自分を辞めさせようとしているのではないかと考えている」と江田は主張した。

この会社は、女性が一定の年齢になるといづらくさせられるという噂があり、たしかに嫌がらせ的なことが多い。そんなことから、今回の江田の件を見て、みんなやる気をなくしている。以前に取られた始末書も、電車が人身事故で遅れた時に遅延証明をもらってこなかったため、「何の証明もなく遅れてくれれば、無断欠勤扱いになる」と言われ、書かされた。また、職場で使うお茶を買うた

めに仕事のルートから少しはずれた店に寄ったことを問われて、無断職場離脱として始末書を取られたこともある。

江田をどうしても退職させたいのは、総務部長が「やはり、秘書は若い子に限る」とことあるごとに言っていることの実行ではないか、という噂が立ち、職場の女性たちがどうせ辞めさせられるなら、逆に総務部長の排斥運動をやろうと話し合っている。

（3）業務の円滑な遂行が阻害される

職場のいじめが発生すれば、加害者と被害者をとりまく人間関係がスムーズさを欠き、コミュニケーション障害が起きる。その結果、そのセクションでは業務の円滑な遂行は阻害されてしまう。

円滑なコミュニケーションが阻害される——派遣同僚との関係が悪化して退職を決意

同じ派遣会社から先輩と一緒に派遣されて働いていた武藤幸子（26歳）は、先輩との人間関係が悪くなり、いじめを受けて一方的に解雇を通告された。

はじめは先輩と仲がよく、お互いに派遣先の苦情などを言い合い、時間外も付き合っていた。しかし、派遣元から「二人が仲のよいのはいいが、派遣先でもおしゃべりをしていることが苦情として出されているので注意するように」と言われた。そんなことから、派遣先では、極力そうしたことのないように、彼女との会話を避けるようにしたことから彼女との間に誤解が生まれた。

派遣元から彼女も同じ注意を聞いていると思っていたら、彼女は何も聞いておらず「それは、私を避けるための口実ではないか」と疑われた。派遣元も、そうした注意をしたこと自体忘れて、「そんな注意をしたことはない」と答えたことから、彼女との関係が余計ややこしくなった。

先輩は「武藤さん以外は知らないはずのプライベートな噂を立てられている。私のことを言いふらしたり、私を避けたりするのはなぜだ」と問い詰めるし、会社は「ありもしない会社の指示を主張するなど、要注意人物」と言い出した。先輩とのコミュニケーションがうまくいかなくなり、先輩が度々苦情を会社に持ち込むといういじめを繰り返し、とうとう「今度何かがあったら、あなたには辞めてもらうことになるかもしれない」とまで言われた。

もともとは会社の責任なのだが、それが理由で彼女からあらぬ誤解を受け、職場の円滑なコミュニケーションが阻害されて、このままでは退職せざるを得ないと考えている。

年齢で社内コミュニケーションが難しく——年齢的限界を言われて仲間はずれに

内山英樹（41歳）は、グループで派遣されて電子設計の仕事をしていたが、会社から業種転換の話が出された。理由は、「顧客から頻繁に内山の仕事にクレームがきている」ということだった。「この仕事はあくまでグループでやっていることであり、個人の責任ではない」と主張したところ、「そのグループのほかのメンバーからも苦情が出ており、『あなたとは一緒にやっていけない』と言っている」と言われた。

確かに、この仕事には年齢的な限界として「40歳説」があるので、「営業に代わる準備をした方がいい」というアドバイスは分かるが、まだ自分ではやっていけると思うし、頑張るつもりでいた。そこで、仲間に苦情の真意を問いただしたところ、いじめが始まった。仕事上の最低限の口しかかず、連絡事項もメモで渡したり、これまでとは違った対応になってきた。そして、それと軌を一にして会社からはスキルアップの要求が次々と出された。

仲間からも、技術についての批判めいた言葉が頻繁に出されるようになってきて、納期に間に合わないことについて会社に報告する際に、「内山さんのせいで間に合わなかったのだから、あなたが会社に謝るべきだ」とまで言われてしまった。ほかは全員20代で、年齢的にもリーダー的な立場にあったが、とてもグループをまとめていく自信がなくなった。そこで会社に「リーダーからはずすか、30代の人間を入れて欲しい」と訴えた。

ところが、会社は「年齢は関係ない。リーダーをはずすなら、給料は大幅にダウンするがいいか」と言ってきた。主任手当のようなものがあり、「その部分のダウンは了解できるが、それ以上にカットされるのは納得できない」と主張すると、「給料の中にもリーダーとしての役割を見込んだ部分が多く入っている」と言われた。

グループ内での年齢ギャップからコミュニケーションが難しくなり、みんなで追い出しを図っていることを会社は理解しない。「年齢的な問題でギャップがあるので、中間的な年齢の人を入れて欲しい」という要望にも理解がなく、会社が適切な手を打たないため、事態はますます悪化している。

（4）企業のイメージダウン

情報社会といわれる今日、企業のイメージの良し悪しは、営業に大きな影響を与えることになる。訴訟などにならないまでも、地域社会での企業イメージを損ねるような要素は極力避けなければならない。地域の行政機関などに訴えられたり、消費者の話題となるような事件となってしまうことは致命的なことになりかねないし、信用を挽回することは難しい。

社内解決が出来ずに警察沙汰に――職場で続いた盗難事件の犯人扱いをされて

川中清美（34歳）は研究機関に勤務していたが、職場で数回にわたり起きた盗難事件の犯人ではないかとの疑いをかけられて、退職勧告をされた。まったく身に覚えのないことなので「退職しません」と言い張ったところ、上司から疑われ周囲全体からも村八分状態になった。

上司は「本当にあなたがやったかどうかについては神のみぞ知るで証拠はないが、みんながそのように思うというのは、日ごろのあなたの言動によるもので、いわば自業自得だ。このまま勤務していても、みんなの不安をかき立てるだけだから、退職したらどうか」と言い続けた。

拒否し続けていたことで「せっかくのアドバイスを拒否して、職場を混乱させている」という理解をされ、その後も「身の潔白を証明するためにも身を引いたらどうか」と言われ続けた。そこで「辞めてどうして身の潔白を証明することになるのですか。むしろ、認めて辞めたと思われてしまうんではないですか」と反論すると、「何事も潔さが大切で、キミが辞めても繰り返して盗難が起きるようだったら、キミが犯人ではないことになるが……」と言われてしまった。

その後、川中が盗むところを見たという人がいて、その人が「川中さんは怖い人だから、証人として表立って発言はしたくない」と言っていることが分かった。そこで、「その人に会わせて欲しい」と言うと「その人は『そんなことをするくらいなら、自分が辞める』と言っている」とのことだった。さらに噂が大きくなり「窃盗の前科がある」とか、ずっと以前の盗難事件や職場のトイレからペーパーがなくなることまで自分のせいにされ始めた。そこで、やむなく警察に通告して調査をしてもらった。

この調査で、犯人は陰でいろいろと自分のことを言っていた人間であることが明らかになったが、この事件で職場の人間関係は互いに疑心暗鬼になり、信頼関係がなくなってしまった。また警察に通報したことで、近隣で評判になり、自分にも非難の目が向けられている。

安全対策で労働基準監督署に訴える──安全対策を追及したら配転させられた

菊池忠雄（42歳）は、有機溶剤を扱う化学工場に10年以上勤務している。最近、身体に不調を感じるようになったことから、職場の安全衛生に関心を持つようになってきた。調べてみると、工場では有機溶剤を使用しているにもかかわらず、保護具の使用もずさんで、安全衛生教育も十分でないことが分かった。

そこで、現場責任者である班長に相談して、対策を安全衛生委員会で取り上げてもらうように働きかけた。ところが、班長は「これまでも、こうしたやり方で別に問題はなかった」として、菊池の言い分を退け、現場で口もきかなくなってきた。

仕方がなく、菊池は工場長に直訴する形をとった。しかし工場長も話は聞いてくれたが、一向に対応しようとはしなかった。それどころか、班長が「工場長がお前を黙らせるように言ってきた。オレはとんだ恥をかかされた」と言い、これまで以上に疎まれるようになってしまった。

その後、保護具が隠されたり、打ち合わせの会議の連絡が来なかったり、仕事上の細かい嫌がらせをされるようになった。同僚からも、「お前がいろいろとうるさくすると、仕事がやりにくくなる」と言うようになってきた。しかし、このままでは、いずれ大きな問題を起こしてしまうことになると思い、決心して実情を訴える手紙を労働基準監督署に書いた。

そのことによって、監督署の立ち入り調査が行われ、保護具の不備や安全衛生委員会の法律基準を満たさない対応が指摘され、工場内の職場安全衛生体制は大幅に改善された。ところが、こうした一連の行動が歓迎されず、いじめはますますひどくなってきた。

本社に呼び出され、労働基準監督署の件について根ほり歯ほり聞かれて、「目的は何か」と言われたので「快適な職場環境で働くため」と答えたが、信じてもらえなかった。「工場長や班長など上層部に不満でもあるのか」としつこく聞かれたが、自分の主張を繰り返すと、「キミを工場においてはおけない」と言われた。

その後も、防護服がカッターで切られるなどの小さな嫌がらせや、「告発屋」などと陰口を言われるようになった。班長も、「今度の異動では覚悟しておけ」と言い、班内で誰も口をきかなくなった。

そして、4月の異動で、板橋工場から川崎本社に異動の内示が出された。通勤に2時間近くかかることや、事務の仕事なので「困る」と拒否したが、「命令に違反すれば解雇だ」と言われた。そこで、これまでの顛末を監督署に訴えた。

セクハラで労政事務所に相談——上司のセクハラに抗議をしたら、歩合給に

寺田百合子（24歳）は部長と出張の帰り、「疲れたので運転を代われ」と言われ、代わると肩に手を回し、腰に手をかけてきた。そこで、寺田は怒って車を降りて自分一人で帰った。その後、部長は謝ってはきたが、関係が微妙になってきた。

仕事について急に厳しくなり、ちょっとしたミスにもイライラして、怒鳴ることもしばしばあった。しばらくすると、「仕事が思ったほどできないので、様子を見るために歩合給に変更する」と言われた。明らかに報復だと思われるが、毎月1～2万円固定給時代より低く支給されている。

友人のアドバイスで、抗議の内容証明郵便を出したところ、①あの時は会議の疲れで魔がさした。本当に申し訳なく思っている。ただ、あの程度のことでこんなふうに抗議されるのは納得がいかない。②あなたのそうした考え方や反抗的な態度が問題だ。受け流すくらいの度量が欲しい。③もう少し大人になってもらうことも含めて、歩合給に変えた。給料が下がるのは「働きの評価の問題で

あり、差別ではない」と言ってきた。

この話を親にしたところ、怒った父親が「こんなことをする部長は首にしろ」と会社に抗議した。ところが会社は「定年まで、あと1年しかない部長であるので大目に見て欲しい」とかばう態度に終始し、逆に「あなたの娘さんは固すぎる。もっと大人になるように教育して欲しい」と言われ、寺田も「こんな娘に育てた親だから、会社に抗議に来たりする。自分の教育の責任もあるのに」と言われた。

「ここまで馬鹿にされて泣き寝入りすることはない」という父親のバックアップで、弁護士と相談して、労政事務所に訴えた。労政事務所のあっせんで解決したが、会社内で噂になり部長も自分も退職することになった。

労働組合に加入し地域にビラ——不正経理の問題で社長と対立、解雇に

語学学校を経営する会社が、不況で資金難になってきたことから、経営資金の一時調達の検討が行われた。そこで、社長の発案で親睦会をつくり、会費を従業員給料から天引きして、運転資金に充てるという案が出された。

大沼忠明（53歳）は、「個々人の了解がないままの天引き実施は違法である」として反対した。それに対し、「個人個人の意見など聞いていれば、実施できない」「違法であろうと、あくまで一時的なものだから、目をつぶって」「会社を存続させるためのやむを得ない選択だ」などの意見が出され

た。しかし大沼が経理課長という立場から最後までこの案に反対したために、案は実施困難になり、採算の悪い二校が閉鎖に追い込まれた。その責任を表立って追及することはできないことから嫌がらせが始まった。

当初は、経理事務についての細かい苦情だったが、そのうち根も葉もない噂をたてられるようになってきた。

――競争相手の学校から金をもらってこの学校を潰そうとしている。

――経理操作し、利益隠しをして個人的な流用をしている。

――大沼にはサラ金から取り立てが来ているらしい。

というようなものだ。ここまできて、自分の雇用を守ることと、自分の主張が間違っていないことをはっきりさせるため労働組合に加入した。そのことが会社に知られるところとなり、「組合に入るようなやつはいらない」と言われた。

そこで、組合の仲間と一緒に、地域に学校のやっている不正経理や悪辣なことを知らせるビラまきをした。その結果、地域の信用で支えられる経営に大きな打撃となり、会社は和解を申し入れて来た。

2 パワーハラスメント対応の基本

すでに見てきたように、職場におけるいじめは個人的な問題ではない。働く人たちの能力発揮を妨げるばかりでなく、企業の社会的評価を著しく低下させることにもなりかねない労務管理上の問題でもある。そこで、職場におけるいじめを防止し、発生した問題に適切に対処していくために、次のような基本を押さえた取り組みが大切である。

(1) これまでの発想では対応できない

いじめを規制する法律が制定されていないこともあり、取り組み自体がまだ体系だったものとはなっていない。また、問題が発生してやむをえず取り組みを始めるケースも、まだ試行錯誤を繰り返しているというのが現状である。

問題が起きてしまえば相談対応をしなければならないが、問題の本質や対処方法についての理解が十分されないまま、場当たり的に対処されているのが実情である。相談担当者や解決を任されて指名された人たちも、大いに困っているといったケースが多いのではないかと思われる。

実際は人事担当者などがその立場から、とりあえず対応する相談者として指名されている場合が多い。したがって、これまでの人事的な発想や対応が行われ、果たして相談員としての役割は一体どのようなもので、どのようなことをやればいいのかも、なかなか理解されていないのが現状である。

ところが、こうした理解とは別に、一度事件が起こってしまって相談が持ち込まれることになると、ことはそう簡単にはいかない。一次対応の誤りは、場合によっては大きな事件に発展し、企業秩序に大きな影響を与えることになる。

現実には、相談された管理職などが企業の体面を重視したり、自分の立場を優先するあまりに、穏便にすまそうという計らいをすることが多い。その結果、被害者の訴えを必要以上に押さえつけようとして、事態がかえって大きくなってしまったケースも数多くある。

また、被害の訴えに対して、相談を受けた人の個人的価値観から問題を軽視したり、大したことではないと、ないがしろにしたことで、対応のまずさが問題の混乱に拍車をかけているケースもある。

いずれにせよ、こうしたことは、この問題に対する基本的な理解がされないまま、場当たり的に、あるいはやむなく取り組みを進めていることの弊害であり、混乱であるといえる。

このように現場が混乱する最大の理由は、「些細な個人的な出来事」という、これまでの企業がもっている価値観での対応では解決が難しくなっていることが挙げられる。最近のパワーハラスメント問題は、こうしたこれまでの認識の変更を求めているのである。だからこそ、従来通りの対応では通用しないことが一つの大きな特徴である。

すでに触れてきたように、従来はこの種の問題は「個人的なこと」と考えられてきた。だから「本人の考えすぎ」とされたり、一過性の「相手の配慮を欠いた言動」や「不注意な行動」として処理されてきた。また、極めて限られた人間同士の問題であり、「特殊な加害者の属性によって起こされるもの」と考えられがちだった。したがって、その処理も「個人的にやるべき」であり、多くの場合に被害者となる「本人の側の落ち度」と考えられ、「会社の関与せざること」と考えられてきた。

しかし、これに対して近年では、すでに見てきたように「雇用管理上の問題として配慮する」ことが必要なテーマになりつつある。そのことは、これまでの視点を抜本的に変えることにほかならない。すでに見てきた多くの事例は、そのことを怠って、これまで通りの対応をしようとすることによって、事態が混乱するということの典型例でもある。

(2) 対応の原則

パワハラへの対応は、なるべく初期段階で対応するほうが解決が容易であると言われる。それは、時間が経過するほど深刻化することが多く、解決が困難になるからである。そこで、問題が起こった場合には、できるだけ迅速な対応が必要とされる。

問題が発生した場合、迅速かつ適正に問題が処理されるためには、まず、何よりも職場の苦情処理相談窓口や上司に相談が寄せられることが必要である。(問題をキャッチする)

そして、その寄せられた相談に対して相談窓口や上司が連携して、初期段階で迅速かつ適切な対応ができることが大切である。(初期段階での対応)

また、問題によっては、会社のルールによって、苦情処理機関などの公正かつ厳正な対応が、解

決に向けて重要なものとなる。（信頼される解決機能）

また、実際にいじめ問題が発生したら、相談・苦情には次のような視点を踏まえた適切な対応を行うことが必要になる。

①パワハラは労働者の個人としての名誉や尊厳を傷つける問題であることを基本に、人権の問題であるとの認識をもって、人権尊重の視点から対応する。

②パワハラは個人の問題にとどまらない、職場環境の問題であり、雇用上の差別ともなりうる人事・労務管理上の問題としてとらえて対応する。

③加害者、被害者の心理や意識の違いから生ずるコミュニケーション・ギャップが問題の理解を困難にしているため、双方の意思疎通を図ることを重視した対応を進める。

相談窓口の担当者や苦情処理機関の構成員が、パワハラの問題に対応するにあたって、必要な点については後ほど詳しく検討する。

3　パワハラ発生

パワハラが発生した時、まさに晴天のへきれきとも言うべきこの種の事件に直面した場合、被害者はどのような行動をとるのだろうか。もし加害者として名指しされている本人に抗議し、問いただして謝罪を求めることができるような場合でも、そのことによって解決が図られることは難しい。

本人が事実を認めた場合でも、その意図をめぐる見解の相違が表れる。故意で悪意のあるものであればもちろん、事実を認めようとしない場合にはもっと困難な問題を抱えることになる。

いずれにせよ、こうした問題について、もし上司や会社に訴えることができたとしても、簡単に解決できる場合の方が少ないであろう。それどころか、そうした訴えが加害者の知ることになった瞬間から事態はもっとややこしいことになりかねない。

（1）そのとき被害者は……

パワハラが発生した時に、どうなるのか。そのことを現実的に考えるために、もう少し具体的に事件の発生から訴えにいたるまでの一般的なプロセスをみてみることにする。（次頁図参照）

事件発生と一般的な対応のフローチャート

事件の発生

・被害者は追いつめられた気持ちになっている。

↓

上司・友人知人などに相談

・友人・知人は同情や励ましを与えるが具体的な解決の道はもたない。
・上司は同情的な立場を取ったとしても、扱いの難しさに戸惑い、個人的なことと理解する。

↓

上司・会社の対応開始

・上司・会社は本人をなだめて善処を約束する。しかし、具体的な対処に困惑する。とりあえず、会社としては加害者に事情を聞くなどの調査を行う。

↓

上司・会社本人を説得

・加害者が否定した場合 ―解決の難しいことを告げて、ことを荒立てない方がいいとアドバイス。
・加害者が事実を肯定した場合 ―上司・会社は穏便な解決を求める。

↓

被害者と上司・会社が対立関係に

・両者の言い分が食い違い、調整が難しくなると、加害、被害の判断が難しいため、和解を進める。しかし、被害者は和解案を拒否することが多く、被害者と上司や会社が対立関係になりがちである。

↓

和解

・その後周囲の説得である程度不本意ながらも和解に動く。

訴訟

・会社や上司も助けてくれなかったと思い訴訟へ動く。

その他

・行政機関や弁護士、労働組合などと相談する。

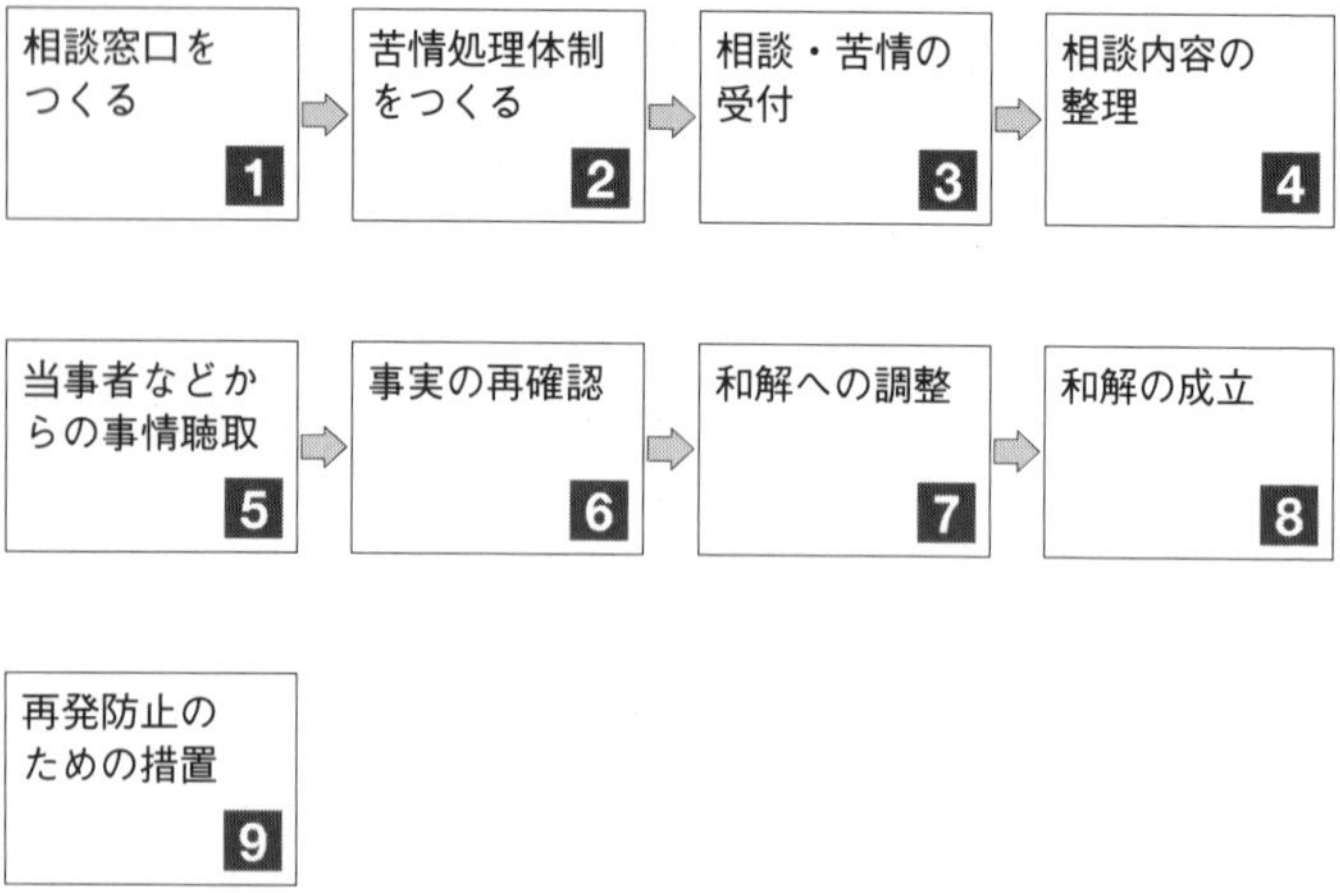

（２）そして会社は……

さて、企業としてはどのように対応すべきなのか。企業は、職場におけるパワハラの発生を未然に防ぐためにも、予防対策をとるとともに社内で問題を適切に処理できる体制を確立しておくことが求められる。それは、起きた場合の対処ができるだけでなく、防止効果もあるからである。

すでに見てきたように、問題を迅速かつ適切に解決するためには、一刻も早く問題の発生をキャッチして、初期の段階で対処することが有効である。そのためにはまず、相談窓口がキチンとしていることが必要であり、また窓口に現れた相談者のその後を的確に処理するための相談や苦情処理体制の整備が不可欠である。

予防対策と苦情処理体制は表裏一体であり、相談・苦情を訴える方法を明確にして周知を図ることは、苦情を抱え込んだ相談者のためになるのはもちろん、従業員の意識啓発にもつながり、いじめの発生そのものを抑制する効果もある。

言い方を変えれば、予防こそが最大の対処方針である。そのことを絶えず念頭に置いた取り組みを進めることが肝要である。そこで企業としての実際の相談への対応を考えてみることにする。

まず、相談窓口をつくることから問題の解決を図っていくまでの一般的な企業としての取るべき手順をフローで示すと、右図のようになる。

4 相談・苦情への対応

(1) 相談窓口をつくる

パワハラの相談・苦情にはさまざまな程度や形態のものがあるが、相談窓口をつくることが問題解決への第一歩となる。企業は、職場におけるいじめに関する相談・苦情に対応するための窓口を明確にしておかなければならない。あらためてそうした専門の窓口をつくることはしなくても、既存の苦情処理相談窓口で対処するのであれば、そのことを明確にすることが必要となる。

従業員が気軽に相談や苦情の申し出ができる体制を整えて、できる限り初期段階で相談を受け、「相談」の段階で解決できることがベストである。その場合の窓口の役割は、気の毒な被害者の相談を受けてやるというスタンスではなく、企業として一刻も早く問題をキャッチして責任をキチンと果たすという認識が大切となる。

つまり、パワハラは企業の雇用管理が不十分だから起こったのではないかという観点を忘れずに取り組むことが必要である。問題の責任を被害者個人のせいにしようとしたり、企業の体面を守るために、解決を至上目的としてしまったりしないように心がけなければならない。すでに深刻な段階になっているケースなどでは、企業としての体面や外聞だけを気にして無理に解決しようとすると逆に命取りになりかねない。

①相談窓口の設置場所

相談窓口を設置する場合、次のような場所が考えられる。

□専門の相談室を設けて相談員を置く
□組織内に相談専門の部署を設置
□相談担当者を登録・公表して随時相談を受ける
□相談日などを特定して外部（又は内部）の相談員が相談に応じる
□外部の法律事務所など専門機関に委託する（日本ではまだ専門機関は少ないので、弁護士個人に依頼するなどが一般的である）。

実際には、こうした問題は人事問題だというとらえ方が一般化しているため、人事部門が相談窓口となる場合が多い。しかし、こうした部署は、人事的な対応が優先されがちなことから相談者が相談することを躊躇してしまうことが多く、そうした点も考慮に入れた窓口の設置が好ましい。

また、人事部門の相談担当者はとかく処分などを優先的に考えがちとなるため、かえって事態を拡大させてしまうケースも見られる。早期の段階の相談・苦情や比較的軽微なものについては、人事的な発想とは離れた対応のできる独立した窓口の方が好ましいと言える。

いずれにせよ、相談者の人権を回復することが一番大切である。もし、加害者の処分などが必要な場合でも、それは最終的な処理段階での問題である。ここでのポイントは、できるだけ相談者が安心して相談できる場所に窓口を設置するような工夫をすることである。

②相談担当者

相談担当者を選任するにあたっては、次のようなことに留意する必要がある。

□担当者には、人権問題に対する十分な認識と理解をもつと判断される人物を選任する。

適任かどうかについての判断は、あくまで相談者から見て適任と判断される人であることが大切な要素である。会社の立場だけで判断すると、相談の機能を果たせないこともあるからだ。

そうした適任者がいない場合、担当者となった人には人権問題についての認識を深めるよう研修を実施したり、他の機関での研修の機会を与えることが必要である。

□複数の担当者を選任することが必要である。

相談担当者の性別や適性、そして職務や地位などによって、どうしても理解度や判断力に個人差が出ることは避けられない。そこで、相談者が最も相談しやすい担当者を選んで相談できるよう、性別や階層別などいろいろな立場から複数の担当者を選んでおくことが望ましい。

□担当者には女性を含めることが好ましい。

被害者の多くは女性であり、しかも性的プライバシーにかかわる問題もあることから、「女性でなければ話すことができない」という場合も出てくる。そこで、女性の担当者を選任して相談しやすい体制をつくることも視野に入れる。

□担当者には、相談応対の手法やカウンセリングなどについて研修を行うなど、資質の向上を図るとともに、担当者同士の事例研究や意見交換の場を設けることが効果的である。

相談者は精神的にダメージを受けている場合も多く、相談担当者の対応の仕方によっては、むしろ問題を深刻化させてしまうこともある。そうしたことを避け、また担当者のプレッシャーを軽減するためにも、相談を受けるにあたっての訓練を施すなどの支援を制度化することが必要である。また、一つの事例を担当者一人に任せることなく、絶えず情報交換をして総合的な判断ができるシステムを内部に作り上げていくことも、相談を効果的に行うための大きな要素となる。

③相談担当者の基本的心構え

相談者は一般的に相談窓口に現れるまでに、悩み抜いて、意を決してやってくる場合が多い。彼らの多くは心理的にダメージを受け、精神的にも不安定になりがちであることを頭に入れて話を聞き、内容を十分に理解し、相談者の望む解決策を把握しなければならない。

また、加害者、被害者の双方の間に入って、和解を進めることになったり、苦情処理対応でこの問題を取り扱うこととなれば、まず、対立する両当事者の主張を聞くことになる。感情的になりがちな当事者たちから正確に事実関係を聴取し、適切な問題解決につなげていくことは決して容易なことではない。

パワハラは、個人のプライバシーに関わる問題であり、相談者への格段の配慮が必要となる。担当者の配慮を欠いた対応などによっては、問題がより深刻化することにもなりかねないことはもちろん、事態をより解決困難なことにしてしまうこともあるので、十分な注意が必要となる。

相談・苦情処理担当者は次のようなことに留意し、慎重かつ適切な対応を心がける。

□相談者の立場に立って話を聞く

相談や苦情を受けるにあたっては、なによりも相談者との信頼関係を築くことが大切である。そのためには、いじめなどですでに傷を負っている状態の相談相手をさらに傷つけない配慮が必要となる。相談・苦情処理担当者が、「相談者にも落ち度があったのではないか」という立場を見せたり、自分の価値観で「一方的な指示や決めつけ」をしたりすれば、相談者を二重に傷つけることになり、信頼関係を築くことは難しくなる。

相手のペースに合わせて、無理に話を促したりせず、共感を示しながら聞く立場に徹することが大切である。その上で、相手を受け入れる気持ちで熱心に話を聞き、相談者が何を不快と感じて、何を訴えたいのかについて、まず理解する。

あくまで本人のための相談であって、相談者の同意なしには一切の相談内容について第三者に話すことはないことを説明し、安心して相談できる雰囲気をつくることも大切である。

□自分の価値観で判断しない

パワハラは、基本的には職場内の人間関係の問題である。したがって、まったく知らない人間同士の問題ではなく、当事者双方が社内の人間で、広がっても親会社や取引関係の会社という場合がほとんどである。

そこで、問題になるのは加害者や被害者についての様々な情報が相談担当者に影響を与えがちで、そうした先入観によって対処されがちになることである。加害者や被害者について、「仕事のできるあの人がそんなことをするわけがない」とか「この人の言うことは信用できない」といった判断や先入観が生まれやすくなることに注意が必要となる。

いかに、公正で客観的な立場から話を聞き、問題の処理を図っていくことができるかが解決の大きなポイントになる。特に、社内の人が相談・苦情処理にあたる場合には格段の注意が必要である。

④その他の留意点

□複数窓口を設置したり、相談の方法を面談によるものに限定せず、電話や手紙、電子メールでも対応するなど、相談者が相談しやすいような工夫をすることも効果的である。
□相談の対応については、マニュアルを作成するなど、なるべくルール化しておくと役に立つ。
□相談の段階においても、内容や状況に応じて人事部門や相談者の上司と連絡をとるなど、適切なフォローの体制を整備しておくことも必要である。
□相談の段階では、匿名によるものについても受け付けることが望ましく、匿名相談の取り扱いについても検討が必要である。
□あくまで、相談は当事者主義をとることが原則であるが、場合によっては第三者や加害者からの相談も受けつけ、広く情報を得やすいかたちにする工夫も必要である。
□カウンセラーや心療内科医といった医療機関などとの連携がとれるようなバックアップ体制を用意することも大切である。
□プライバシーが守られるような相談室を確保する配慮も必要となる。

（2）苦情処理体制をつくる

①苦情処理体制の基本

相談窓口とあわせて大切なのが、この苦情処理体制の充実である。相談窓口での解決が困難な場合や内容が重大と判断されるような場合には、事実を調査確認し、問題の解決の処理にあたる対応が必要となる。そして、この処理対応の公平性や信頼性、さらに迅速な対応が問題解決の鍵になる。

逆に、この体制がしっかりしていないと、相談担当者に大きな負担をかけてしまうことになる。体制がしっかりしていることによって、相談担当者が安心して相談対応をすることができる。

いずれにせよ、相談窓口とこの苦情処理対応の連携による処理対応が問題解決能力を決めることになると言っても過言ではない。パワハラが起きてしまった場合に備えて、相談窓口の設置と同時に、苦情処理対応のルールとして、問題を公正な立場で客観的に調査し、迅速かつ適切に処理していく苦情処理対応を整備しておかなければならない。

以下では、苦情処理対応の基本について整理しておく。

②苦情処理の基本

□相談者を含めた当事者のプライバシーを守ることが鉄則

相談者の人権を尊重し、また関係者を含めた当事者の知り得た秘密は厳守するという姿勢が必要なことは言うまでもない。パワハラは人権の問題であり、プライバシーに関わる問題である。興味本位に話を聞いたり、細部の質問をしすぎたりすれば、相談者を傷つけることになる。これは、加害者とされる人と話をする際にも同じことが言える。相談を受けたり、当事者の話を聴取したりする際には、当事者の名誉やプライバシーを尊重して話を進める必要がある。

また、こうした問題が外部に漏れた場合はもちろん、噂となるだけでも相談者や加害者とされる人の立場が悪くなったり、職場に居づらくなったりすることにもつながりがちである。職場の上司や人事部門など他の人に内容を伝える必要が生じたときは、必ず相談者の同意を得ることが必要である。

□迅速な対応を心がける

窓口に寄せられた相談・苦情については、迅速な対応と処理が必要である。時間が経過すれば事実確認が困難になるとともに、加害行為がその言動を継続していれば、被害が深刻化する恐れもある。たとえ、問題が比較的軽微と思われる場合にも、「しばらく様子を見よう」とか「無視した方がいい」などという先延ばしの態度は絶対に避けるよう心がける。

□投書などの相談にも対処

いじめでは、無記名の投書などでの苦情の訴えもある。こうした場合（個人的なトラブルではない場合）には、無記名などのケースでも取り扱う方法を検討しておく必要がある（例えば、そうした投書については、広報紙などで公表して広く警鐘を鳴らすために活用する。その指摘されている事実が特定の部署での問題であれば、事実を確認した上で、その部署を対象とした特別研修や対応のためのミーティングを実施する）。

□未然防止の視点で苦情処理にあたる

相談の内容については、一見軽微なものと思われるものにも、深刻な問題の芽が含まれていることもある。一つひとつの相談・苦情に対し真摯に対応していくことで、いじめが重大な問題へ発展することを防ぎ、未然防止にもつながることを意識して対応する。

また、相談担当者は相談にはいたらない段階であっても、噂や直接関係なさそうな苦情などからも問題となるような兆候がないか注意が必要である。日常から職場の様子に目を配り、周囲に声をかけて問題を掘り起こすようにするなど、問題を早期に発見するような心がけが大切である。

□相談・苦情申し出の受付票の用意

相談内容を聞くにあたって、問題を事前に整理して聞くため、相談者には受付票を提出してもらうといい。受付票によって理解し、ポイントを絞って相談をスムーズに進めることができる。口では言い出しにくいことでも、相談表にメモをすることで、スムーズに問題に入れることもあるし、記録として保存もできる。

相談の入り口の段階では、広く電話や電子メールによるものや、第三者や目撃者からの相談・苦情なども受け付けて、受付票を提出しなくても、あるいは匿名でも相談に応じるようにする。

ただし、それぞれについてのその後の対応については十分に検討しておく。どのような手段の相談についても、聞きっぱなしや受け取りっぱなしにしてしまわないことが必要である。相談者に不安を与えないため、随時の連絡を取り、進行状況を伝える配慮も心がける。

(3) 相談・苦情の受付

①事実関係を正確に把握する

相談者自身が混乱していたり、自分自身でも起こった事実を客観的に受け止めることができなかったり、問題点を整理しきれていないことが多いのが現実である。時には、相談者が感情的になっていたり興奮状態ということもある。

分からないところは質問を交え、相談者の言葉を繰り返して確認するなど、忍耐強く話を聞き、事実の正確な把握と問題の整理に努めるようにする。時間がかかっても、相談担当者は勝手な解釈や判断を加えることなく、客観的に話のポイントをつかむことが問題解決の第一歩となる。

②相談・苦情処理担当者の役割、苦情処理機関での一連の手続きの説明

相談・苦情処理担当者は何を行うのか、相談者とのヒアリング以降、どのような手続きで事実確認から問題解決処理までを行っていくのかなど、あらかじめ全体的な流れを説明しておく。また、それぞれの段階で対応者の果たす役割もしっかりと説明しておく。相談の段階、調査の段階、苦情処理の段階など、それぞれの段階での性格づけや、役割がはっきりしていれば相談者も混乱しないで対応することができるからである。

さらに、見通しが立つのであれば、相談・苦情の内容を考慮し、問題の解決が図られるまでに要する時間の見通しを伝えておくことも相談者を安心させることになる。しかし、事態は必ずしも予測通りに進むとは限らないので、問題によっては事態は流動的であることも示唆しておかなければならない。

③相談・苦情の申し立てにより相談者に不利益処分を与えないことの説明

相談・苦情を申し立てたことによって、企業が相談者に不利益な取り扱いをしないことについての十分な配慮が必要である。被害者の立場は常に微妙なものとなりがちなので、加害者はもちろん、状況に応じて上司などについてもキチンと配慮を指示しておくことが必要になる。

そうした対応の上で、加害者とのヒアリングに際しても加害者などの報復的な行動を厳しく禁止

することを相談者に伝える。もし報復的な行動があれば、すぐに相談担当者に知らせてもらうようにして、拡大を防ぐようにする。

④パワハラを許さないという企業の意思の明示

相談者とのヒアリングの際には、いじめの問題について企業は決して放置しないことや、企業が責任をもってその解決にあたることを言明する。そして、企業にはいじめのない職場をつくる責務があることを繰り返し、明確に伝えることが大切である。

(4) 相談内容の整理

相談者が何を求めているかを把握する――相談者と一緒に問題を整理する――

パワハラを当事者が納得した上で解決していくためには、まず相談者の話をよく聞き、何を求めているかを把握することが必要である。しかし、そうは言っても、相談者自身にも解決策も結論もない場合が多いのも、この問題の特徴である。

したがって、相手の話を聞きながら、その中で相手の意向を汲みとったり、察していくことも必要となる。さらに、相手の立場に立ってアドバイスを交えながら、相談者の気持ちの整理の手助けをすることも場合によっては必要となる。

担当者は、相談の内容から相談者が話を聞いてほしいだけなのか、苦情処理対応での具体的な措置を求めているのかなどをよく見極めなければならない。相手のペースに合わせて、相談者に質問をしたり、場合によっては提案をしながら、問題の整理をして相談者が何を求めているかを理解する。

相談の初期の段階では、まず相手の心を落ち着かせ、気持ちを整理できるようにしていくことに重点を置く。気をつけなければいけないことは、慌てて「どういう対応をして欲しいと考えていますか」などといきなり切り出さないようにすることである。

この段階では気持ちが揺れているため、被害者自身もどうして欲しいのかはっきりしないことが多い。そういう状態で、「どうしたいのか」という質問をいきなりしてしまうと、「それが分からないから相談にきているのに」と反発されたり、「そんなことが分かっているなら、何も相談しない」と、こちらを拒否してしまうことも往々にして起こる。

また、反発しないまでも、「相手を殺してしまいたい」とか、「別に、何をして欲しいということはないのですが……」などと、自分の思っている感情をストレートに表現したり、整理のつかないままの遠慮に出会ってしまうことになりがちである。

そんな状態で、いろいろなことを聞いてしまうと、後に心の整理がつき始めてきた時の考え方や言い方との食い違いが大きくなり、後の対応に混乱をもたらすことになりかねない。

こうした話は、当初はともかく、ある程度聞いてしまうと、聞く側は途中で遮ってしまいたい衝動にかられがちである。しかし、こうした気持ちを抑えて聞く側に徹することは、相手にカタルシス効果（すっきりさせる）を与えるということも考慮に入れる必要がある。

（5）当事者などからの事情聴取

①被害相談は当事者主義が原則

まず最初は、問題となっている行為を受けている被害者本人から、直接事実関係を聴取することから始めるのが原則である。第三者や目撃者からの申し立てにより事実確認をスタートする場合にも、できるだけ被害者から直接話を聞くようにする。

しかし、どうしても本人が来られない場合に友人や親などが代わりに窓口に現れるケースもあることを想定しておく。こうした場合にも、あくまで当事者主義であることを伝えることがよく、そんな場合にはなるべく次回は本人が窓口に来るように勧める。

あくまで、当事者主義をとるのは、本人の意向が大切であることと、本人の意思に沿って解決を図ることが原則だからである。友人などの代理人の意向で進めると、本人の意思とは違った方向になってしまったり、あるいは本人の意思に反することもあるので注意が必要である。

また、本人から事情を聞くと同時に、本人の言い分の裏付けをとるため、関係者から事情を聞くことや、加害者から言い分を聞くことについても同意を得ておく。その内容は例えば次のような確認をする。

□事実調査に向けた合意
・加害者とされる者からの事情聴取（相手方への事実の告知範囲など）
・目撃者等からの事情聴取（聴取方の特定、事実の告知範囲など）
・上司、同僚などからの事情聴取（事実告知の範囲など）

②加害者からのヒアリング

相談者の意思及び被害の程度等により、加害者とされる者から事実関係の確認を行うかどうかを判断しなければならない。相談・苦情があったことを相手方に伝えることが、相談者に何らかの影響を生じることも考えられるので、事前に必ず加害者とのヒアリングを行うことについて、相談者の了解を得ることが必要となる。

ここで大切なことは、加害者に対して相談者の主張についてのディテールを伝えてしまってはいけないということである。相談者の主張の一部始終を伝えてしまうことで、加害者に対応策を検討させることになってしまったり、反論を用意させて構えさせてしまうことは極力避けなければならない。

とはいえ、ある程度、問題となっている事実を伝えていかなければ、加害者のヒアリング自体が成り立たないから、問題となっている事実の中心的なことだけを指摘し、その指摘されていることについての意見や事実についての認識の違いがあれば反論や主張をしてもらうという形で進める。

特に、これらの事実調査は本人のプライバシーとの関係が深く、どこまで相手に伝えながら事情を聴取していくのかが大きな問題となる。また、事情聴取の相手方と相談者本人との人間関係や信頼関係も問題となるので、その点についての配慮も必要となる。

□相手側の言い分を相談者にどの程度伝えるのか

加害者や目撃者、そして関係者の事情を聞いて、相談者の言い分とのすり合わせをしていくことになるが、この場合、事情聴取の内容と相談者の言い分の食い違いをどこまで伝えながら調整していくのかが大きな問題となる。

相談者の側からすれば、自分の相談した事実が相手にどのような反論をされているのか、どこが言い分の食い違いとなっているのかは当然、知りたいし、その対応いかんで相談者の気持ちも変わってくる。

そこで、加害者側の言い分を相談者に全部伝えるというやり方をとるのか、部分的に伝えるのかの判断をしなければならない。ここは、解決に向けての一番難しいポイントでもある。双方の意見や主張を伝えながら距離を縮めていく作業は、慎重さが求められる。

つまり相手方に全部の言い分を伝えて、ますます相談者を感情的にしてしまうことも考えられるし、そのまま伝えることで、主張の食い違いが大きくなるだけで、解決から遠のいてしまうような事態も予測されるからである。しかし、少なくとも相談者は被害者であることから、相談者には最低限相手が何を主張していて、相談者の言い分とどこが違っているのかは伝えることが必要である。

また、加害者とされる人や、事情を聞く人には、事情を聞くための最低限の事実だけを伝えて、必要以上の情報は与えることは避けた方がいい。加害者の反論を用意させたり、事情を聞かれた人たちの間での噂話につながりがちだからである。

以上のことをまとめれば、被害者にはある程度の状況把握ができる情報提供が必要であるが、加害者や事情聴取の相手方には、必要最低限の情報で対応することが原則となる。

③ヒアリングのやり方

□加害者が被害者の上司の場合

加害者が被害者の上司である場合には、仕事に関連したいじめであることが多い。したがって、使用者責任を問われる確率がきわめて高く、企業にとってはリスクの高いケースである。

そこで、調査にあたっても、使用者責任を回避することが過剰に意識され、事実が隠されがちである。また、加害者が職場で有能だったりすると、極力、事件を無視したくなるという状況が生じるので注意が必要である。

現に、裁判などに持ち込まれるケースで圧倒的に多いのがこれである。被害者の苦情や申告を無視し、軽視することでトラブルが拡大してしまい外部に出てしまうということも多く、そうしたリスクを十分に考慮して対応する。

さらに、上司の場合には被害者の雇用条件の変化や地位利用の内容に注目する必要がある。そこでこの問題に関連して、必要以上に差別的な雇用条件になっていなかったかについては詳細に調査しなければならない。

そのことと関連して、加害者は管理職としての立場と責任を知っているかを確認し、その責任においても速やかな解決に向けて協力すべきであることを伝える必要がある。

□加害者が被害者の同僚の場合

職場の管理職がそのことをどの程度把握していたのかが大きなポイントになる。その場合、加害者と同時に管理職にも事情を聞くことになる。そこで、以下では管理職に問うべき問題点を挙げておく。

・管理職として、いじめや嫌がらせのことを知っていたのか。
・加害者に結果として加担するような行為はなかったか。
・事実を知ったときにどのような対応をしたのか。
・被害者の深刻な状況について把握していたかどうか。
・やめさせる努力をしたかどうか（何をしたか）。
・しなかったとすれば、その理由は何か。

□加害者が外部の者の場合

加害者が顧客やセールスマンなどで、取引先、運送会社、納品会社、工事会社、下請会社、派遣会社など様々な場合が想定される。こうした場合には、一体誰の責任でどのように解決していくのかが問われる。

やっかいなのは、相手企業に対して強い姿勢で対応ができるかどうかという点である。下請けなどの場合には、調査も含めて自社同様の対応が可能だと思われるが、得意先や親会社などのように力関係が逆に働く場合が大変になる。

こうした場合でも、被害が歴然としている（刑法に触れるなど）場合には、毅然とした対応が必要となる。しかし、被害の程度によっては、社内的な対応（例えば配置を変えてもらうなど）での現実的な解決を求めることになる。

いずれにせよ、外部の場合には調査に向けての手続きも含めて、いろいろと配慮すべき事項が出ることが予想される。しかし、この煩雑さはともかく、そのことを理由にして対応しない、もしくは対応が遅くなることは決して好ましいことではない。例え加害者が外部の者であっても、解決についての責任は問われる場合もあることを考えて取り組みを進めることが必要だ。

この場合の調査は、まず自社の上司から事情聴取を始めて、社内調査を尽くした上で外部への対応を進めることになるのが一般的である。段取りを間違えて外部の会社に不必要な迷惑をかけることは極力避けなければならない。

さて、こうした加害者別の注意すべきポイントを踏まえた上で、以下では加害者とされる人への事情聴取についての検討を加える。

(6) 事実の再確認

相談者が相談・苦情への具体的な対応を望む場合、まず問題となっている事実内容の調査・確認などを進めることになる。特に相談員の段階で処理できると判断される場合には、早期に積極的な対応をしなければならない。

また、相談の段階で処理しきれないと判断されるケースでも、相談窓口での初期対応とその内容把握は解決に役立つ。そこで、自分のメモとしてだけでなく、他人にも理解できるように詳細なメモをつくっておくといい。

相談・苦情から発展してキチンとした判断による対応が必要となってきた場合には、苦情処理委員会といった苦情処理機関に委ねるのが一番いい。しかし、そうした機関がなければ担当のセクションに相談内容を報告し、これらの苦情処理対応セクションの判断によって、その後の対応が進められることになる。

その上で、あらためて調査チーム(委員会やプロジェクト、担当者)などによる事実の再確認が行われることになる。こうしたプロセスに入る時は、相談者の聞き取りなどと重複しないように連携した対応をとる。なお、メンバーを変えて事実の確認を再度行う場合には、必ず事前に相談者に経緯を説明して同意を得ておく。

調査に関連して記録の保存が大切である。担当者が異動などで変わったり、相談者の手から苦情処理機関に問題がバトンタッチされることもあり、記録の保存によるスムーズな連携が問われる。ヒアリングでの聴取事項（相談票、聴取票）、証拠書類のコピー等は、必ず記録として保存しておく。

記録の保存にあたっては、次の点に留意する。

□記録にあたっては、聴取事項を書面で示したり、復唱するなどして、必ず聴取した相手に内容に相違がないかを確認する。

□資料の収集、作成及び保存に際しては、プライバシーの保護について十分に留意する。

□証言などが刑事事件などにかかわる重大な問題であるような場合には、本人の言い分を口述筆記したものに本人のサインを求めておく。この場合には、署名が拒否されることもあるが、その場合の対応も考慮した方がいい。

・あなたの証言で判定がされるわけではないこと。

・署名のない証言については採用されないこともある。

・証言相手に対する名誉を守るためにも必要である。

・あくまで証言は公表されない。

□テープなどをとる場合については、相手方の了解を得て行うこととする。

(7) 解決に向けた整理

解決段階を迎えると、相談者の意思の再三にわたる確認が必要になってくる。予想以上に難しいのが、相談者がどのような解決方法を望むのか、どの段階まで問題の処理を進めてよいかといった相談者の細かい意思を確認することである。

相談者自身がなかなか問題を整理しきれていなかったり、感情的になっていたり、話自体が混乱している場合もある。そこで、この段階でも早急に意思を確認しようとせず、相談者が落ち着いて気持ちを整理できるようにさせていく。

大切なことは問題整理のためのアドバイスを繰り返して、少しずつ相談者の意向をまとめる手助けをすることである。相談者が納得して、自分の意思で選択ができるようになった時点で、意向を聞くようにする。焦ったり、自分の意思を押しつけると、後で解決の妨げになってしまうこともあるので慎重に対応する。

また、相談・苦情処理担当者が解決策を提案するような場合には、誘導的になったり、経験を振り回したり先入観にとらわれないようにする。相談者は、自らの意思で決めることが難しく、相談担当者への依存心を強めているケースが多いので細心の注意が必要となる。

したがって、あまり影響を及すような対応は避け、その選択の影響等についても説明した上で、決して強制したりしないように留意する。

問題解決への道は多様であり、常に事態は流動的であること、したがって実際にどのような解決策がとられるのかは、事実関係の確認の結果によることを伝える。しかし、いかなる場合でも本人の意思に沿った解決を求めていくという対応姿勢であることについては理解してもらう。この場合の聞き取りポイントとしては次のようなことが考えられる。

□どのような解決方法を望むか。

・職場環境の改善に向けた会社の対応（朝礼や掲示などでの警告、個人的な注意、研修など）
・加害者への一定の対応（加害者の謝罪文、配置転換、懲戒処分）
・喪失した利益の回復（慰謝料の請求など）

(8) 再発防止のための措置

再発防止のための取り組みは、相談開始の段階から行われる。それは、事態がこれ以上に拡大しないようにすることと、同様の事態が新たに発生することを回避するためである。

①相談者への報復の禁止

加害者とされる人には、相談したことを理由に、いかなる形でも相談者に報復的な行為を行わないことはもちろん、誤解を受けるような言動を慎むことを確約してもらうことが必要になる。また、申し立ての対象となっている言動を続けることがあれば、それは事実上の報復行為とみなされる場合もあることを伝える。

就業規則などに苦情処理のルールをはっきりと定めたり、禁止規定に明文化して、報復やさらなるいじめのエスカレートには厳しく対応していく。この点が守られずに、報復や言い返しなどが行われるようなことがあれば、かえって職場は混乱して、企業としての管理能力が問われてしまう。

苦情処理段階ではもちろん、解決後にも誤解を招くような接触は極力避け、それが守られずに事態が悪化するようなことがあれば、ことの是非を問わず責任を問われることもあることを警告する。

②当事者間での話し合いの禁止

この段階では、加害者から相談者への申し立てについての抗議や相談・苦情の取り下げの強要が行われる場合もある。すでに苦情処理対応によって事実関係の確認がなされる段階となっているので、当事者間で話し合うことは避けるように厳命しておく。

ただし、この段階で当事者同士の話し合いが必要であり、解決にとってよいと判断される場合には、苦情処理担当者を交えた話し合いになるようにすることが大切である。

③秘密の厳守の徹底

直接の当事者ではない第三者からは、情報が漏れやすくなる。漏れると問題が必要以上に複雑になったり、深刻化することがある。そこで、第三者への対応にも慎重さが求められる。

こうした問題はとかく噂になりがちで、そのことによって職場環境が悪化したりすることが多いこと、そうなると相談者が二重に傷つくことを第三者にもよく理解してもらう。また、他人のプライバシーに関わる事柄には守秘義務があることを伝え、意図的に漏洩した場合には、企業としてはルールに従って処分をすることもあり得ることをキチンと伝えなければならない。

これは解決した後でも同じで、とかく時間が過ぎることで「もう、時効だからいいだろう」ということになりがちである。そこで、当事者の和解協定にはもちろん、事情を知りえた人たちからはケースによっては、守秘の誓約書をとるのも一つの方法となる。

第7章

パワハラとメンタルケア

相談やヒアリングをする場合には、被害者や加害者とされている人たちの心理的な面を十分配慮してあたることが大切である。それぞれの立場にある人たちの心理状況に十分な配慮をするということは本人たちのためでなく、問題解決に対しても重要なポイントとなるからである。

以下、相談者（被害者）やヒアリング対象者（加害者など）の置かれた心理状況について考えてみる。

1 パワハラとメンタルケア

いじめの問題につきものといってもいいのが、いじめによるストレスから精神的問題を被害者が抱えてしまうケースである。こうした場合の対応については格段の注意が必要となる。行政の扱ったケースで見ておく。

事例❶ 同僚の嫌がらせ事件で退職に

相談者Aは、学校を卒業してすぐ現在の会社に就職した。Aは「入社半年後に同期の友人が同僚の男性から嫌がらせを受ける事件が起き、会社側もその男性を転勤させるという処置をとった。しかし、その事件の際に自分が会社の対応を批判したことが原因で、同僚たちから距離を置かれるようになった。その結果、仕事にも支障を生じるようになり、心身症のような状態が現れるようになった。この後、会社に長期休暇を申し出たところ翻意を促され、転勤を打診されたので、それに応じた。仕事は量も質も楽になるという話であったが、実際に転勤してみると、社員の一人が退職した直後で仕事の負担が一挙に増えた。そのためほかの社員の派遣を要請したところ、派遣されてきたのは前の職場にいたBであった。彼は前年の事件の加害者の男性と親しく、以前の事情をよく知っている人だった。これは会社側の意図的な嫌がらせとしか思えない」として相談に訪れた。

一方、会社によると、「Bの転勤は、自宅がこの営業所に近いことと以前勤務していたこともあって仕事にも精通していることが理由で他意はない。Bについて、Aは誤解をしているようだ。仕事についてはAに負担がかからないように改善に努めたつもりだ」とのことであった。

両者の話し合いの結果、Aは一度納得し、2日間休みを取った後で出勤したが、その後は出勤することなく、会社に出向き退職届を提出した旨、会社から報告があった。

事例❷ 上司がリストラされていく中、不安で出社恐怖症になりかける

勤めている会社の経営危機を知り、自ら求職活動をして業績のいい会社に転職する。しかし、入社当時から指導してくれていた先輩がいじめにあい、いつ自分もいじめのターゲットにされるか分からないと不安になる。配置転換後は、ボーナスが下がったことでショックを受け、絶えず上司からにらまれているような気がする。また上司らのリストラが始まっていて、職場の雰囲気も険悪に

なり落ち着かなくなる。そんな中、容姿について馬鹿にされ、またプライバシーの侵害になるようなことを噂されているようで、出社するのがつらくなる。会社都合で退職させてもらいたいと来所する。

相談しながら、今までのそれらの経緯を丁寧に見直すと、不安が先走り焦って行動している自分に気づき、被害妄想になっていたかもしれないと思えてくる。気持ちに余裕が出てきて、会社からリストラを言い渡されたわけでもないのに、早まって辞めることはないと職場にとどまる気になる。

事例❸　仕事にのめり込みすぎて、擦り切れる

2年前に同僚が突然解雇され、強いショックを受けて精神的に不安定になる。それ以来、自分も解雇されないようにと力んで、休みの日まで働くなど次第に仕事にのめり込むようになる。自分がいないと仕事がだめになると思い上がるようになり一生懸命働くが、周囲は迷惑だったらしい。

ここ半年は、周りの人に対する不信感も強くなり孤立していた。職場にいづらくなってきたときに解雇される。

手帳に予定を書くことがないのが不安で、職探しをしているが、自分が何をしたいのか分からない。雇ってくれそうなところもあるが、どうもやる気が起きない。これからどういう仕事につ

けばいいのか分からないと相談に来所する。

本当は1か月ぐらいのんびりしていたいが、今までそういう経験がないので、のんびりすると働く意欲がなくなってしまいそうで不安になる。最初は仕事探しの話をしていたが、仕事に全部のエネルギーをつぎ込んで、仕事と心中しかけていた自分に気づき、心が擦り切れてしまっている状態であることを徐々に受け入れる。このまま就職しても仕事を続けられそうもないと自ら判断し、しばらくのんびりすることに決める。

いずれのケースも東京都の「心の相談」の窓口で対応されたケースである。こうしたメンタルな問題を抱えた被害者の対応について、以下では考えてみることにする。

2　被害者（相談者）の心理

被害を受けたと訴えてくる人たちは様々である。相手に対する強い怒りを抱いている人。相手の言動を理解できずに混乱している人。そして、被害に深く傷ついて、屈辱感がいっぱいで自分の気持ちが整理できずにやって来る人などがいる。

一般的に言えば、被害者の多くは精神的に不安定な状態にあると考えられる。怒り、悲しみを抱え、屈辱感、悔しさ、自責、無力感など様々な感情が入り乱れている。だから、相談の場面ではどのような感情が表出されてくるのか、まったく予想がつかない。

したがって、その混乱は相談の場面での言動にもストレートに現れてくることになりがちである。具体的には、加害者を責め、怒りの気持ちが強く現れたかと思えば、次の瞬間は怒りの矛先が組織や助けてくれなかった周りの人に向けられたりもする。さらに、やはり自分に非があったのではないかと自分を責めるような気持ちになることもある。

まず心理的な解決に向けてのサポートをしないと、本当の解決の道を見いだすことはできないし、解決には結びつかないというのがいじめ問題の大きな特徴といえる。そのためには、被害者が相談対応者に対して、何を求めているのかという結論を聞く前に、まずは相手の気持ちを整理するよう援助するという姿勢が大切である。

3 加害者とされる人の心理

パワハラの被害者（相談者）の心理で触れてきたことの多くは、加害者とされる人の場合にも当てはまる。加害者とされている人は自ら好んで相談に訪れるわけではなく、訴えに関連して呼び出されるという形でヒアリングを受けるわけだから、多少の抵抗感があるのは当然である。したがって、疑いをかけられているということに対する心理的な動揺はもちろん、場合によっては大きな抵抗感や反感をもってやってくる。

一般的にはいじめで訴えられたということで、事実の有無は別としても相当なショックを受けている。

4 相談にあたって留意すべきこと

●被害者編

相談担当者は相手の置かれた状況を正確にとらえることから始める。相談を受ける際には、相手からいろいろな感情が出てくる可能性があるという広い心で臨む。どのような相手の感情の動きも、相談者の置かれた立場がそうさせているんだという可能性を考慮して判断する。

被害者相談の際に一番重要なポイントは、相手の気持ちを理解してあげるということである。相手の態度や話をまるごと受け入れようとする受容の気持ちが大切になる。受容するということは、話や気持ちを真摯に聞くということである。分かりづらい話や、あまり聞きたいと思われない話、どうにもならない話、怒りのこもった混乱した話などでも真摯に聞くということでもある。

相談というシチュエーションは、どうしても第三者が聞くというスタンスになることが多く、そうした雰囲気の相談担当者に対して、被害者は「この人に話しても、果たして理解してもらえるのだろうか」と思いがちとなる。

こうした違和感（立場や上下関係、性別など）を超えて相手を受け止めることのできる立場になることが大切になる。被害者の中には、「いろいろと相談をしたが、誰にも自分の気持ちを理解してもらえなかった」ということを訴える人が数多くいる。そして、そのことの方が、パワハラを受けたこと自体よりもさらにつらかったという人もいるくらいである。

被害者それぞれの感情に合わせて、少しでも自らが共感できるように相談を受けることが大切である。しかし共感するあまり相手のペースにすべてを合わせてしまって、被害者の心の動きに翻弄されてしまっては相談はうまくいかない。被害者の気持ちに共感し、理解しながらも、相手の態度や気持ちの変化を客観的に見ていく立場を持ち続けることが大切である。

性的な問題が絡むときには、一般的には異性に話すよりも同性の方が理解してもらいやすいが、逆の場合もあることも考慮に入れる必要がある。同じ状況のことが起こっても、ある女性は非常に深く傷つくが、別の女性はたいしたことがないと感じる場合もあるからだ。同性の相談員の対応いかんで、「同じ女性なのになぜ理解してもらえないのか」ということで逆に大きな苦しみを抱えてしまう女性もいる。

人はみな自分の価値観で判断しがちであるので、それぞれの価値観と深く関わるセクハラ問題などが絡むパワハラはなかなか他人には理解されにくい。こうした状況が心理面に与える影響をよく考えて、第一の目標を「相手の気持ちを理解してあげること」に絞ると心理面でよい結果をもたらす。

二番目には、相手が話す言葉を理解するだけではなく、その背後にある気持ちを能動的に聞き、積極的に理解しようとする気持ちが大切である。つまり相手の話によく耳を傾け、言葉になっていないことでも相手の言わんとすることを一生懸命に理解する。

自分の価値観で「ああした方がいい」とか「こうした方がいい」という提案をするのではなく、黙って聞くということの効果は大きい。信頼感や連帯感を生み出すからだ。

相談をしたり、訴えたりする人の立場からすれば、訴えていることを理解してもらうことはもちろんだが、その背景にある自分の気持ちを理解して欲しいものである。

●加害者編

加害者といっても誤解から生じたトラブルの加害者であるかもしれないし、被害者が独り合点して訴えた場合もありうることから、ニュートラルな立場で臨むといったスタンスが必要になる。

パワハラについては、往々にして加害者と被害者の認識に大きなギャップがあることから、その点を考慮して相談にあたる。まず話を聴いてみなければパワハラかどうかの判断はできないということを十分に認識し、いきなり加害者扱いをしないようにする。

相談対応者がどういった考えなのかは、加害者とされる人にも敏感に伝わる。そこで、初めから

「この人は何と説明しようが、いじめをしているに間違いない」と決めつけて、加害者扱いするということは望ましいことではない。

そのような扱いをすれば、ヒアリング自体意味をなさなくなってしまうし相手から反感をもたれ、必要なことを聞くことができないで終わってしまう。

ショックを受けている加害者とされる人の気持ちにも、被害者と同様に共感しながら話を聴くようにするほうがうまくいく場合が多い。なるべく中立的な立場で、客観的な態度を保ち続けながらもきちんと相手の気持ちに共感していけば、真実や自分の気持ちを率直に話してくれる可能性が高くなる。

本人はパワハラ行為を行っているという自覚がないケースや、実際にやっていないというケースでは、加害者とされる人の立場は複雑である。

訴えられたという事実だけから、周囲の偏見が生まれ、言い訳がなかなか信用してもらえない状況になりがちである。こうした中では、無実であることや誤解であるということがなかなか周囲には理解してもらえないことも多い。

パワハラを訴えられている人も被害を受けている人と同様、非常につらい気持ちを抱えていると考えておく。相談担当者は彼らの気持ちをしっかりと理解するためには、いずれの相談者に共感する気持ちが必要だ。

5 心理ケアを必要とする場合

相談者の中には、心理的なケアを必要とする人もいる。情緒が不安定で、たとえば「死んでしまいたい」などというような訴えが繰り返されるようであれば、心理面でのケアが必要といえる。その場合には、カウンセラーや精神科医への橋渡しを早急に検討しなければならない。

手順としては、「あなた自身が不安で不安でたまらないなどということはありませんか」などと話しかけ、心理ケアについて話し合ってみる。そして、心理ケアに対する相手の抵抗感を少しでも減らすようにする。そして、相手が心理ケアに同意をしたら、できれば相談員の側が心理ケアの手配をしてあげるといい。

直接的に「死にたい」などという発言をしないとしても、「何もやる気がしない」という無気力感や、「いつもおびえている」などというような不安定で心理的な傾向が訴えられた場合にも同じである。そうした傾向の訴えが出てきた場合には、それもSOSの信号だと考えてもよい。

そのように定型的なパターンではなくとも相談をしていて何か違和感を感じたり、通常とは違う精神状態を感じることがあったら専門家に相談するといい。いずれにせよ、そうした少し通常とは異なる言動は、ある種のサインと考えておくくらいの方が確実である。

（1）専門家と相談

相談対応者がとても自分の手に負えないと思ったら、一刻も早く心理的なサポートをしてくれる専門機関などへの橋渡しを検討することが必要である。とはいえ、専門家による心理ケアといっても、残念ながら特効薬があるというわけではない。そうした治療を受ける中で、被害者が安心感から自分の気持ちが整理されていくことが望ましい。

うつ病など病気の領域に入ってしまっている場合は、投薬などの専門的な対応が行われる。それ以外の場合はカウンセリングによって時間をかけて、少しでも気持ちが楽になってもらえるように持っていくというやり方がほとんどである。

精神科の医師や臨床心理士などによる心理サポートが、すべてのケースで絶対的な効果を発揮するものとは言えない。そこで、被害者に対しても心理治療に対する過剰な期待を抱かせてはいけない。やっかいだと思われるケースを、すべてこうした精神的な治療にまかせてしまって処理をするという発想は問題である。「少しは楽になるかもしれないので」ということで、本人のために心理治療を勧め、あくまで問題解決のためのサポートを続けていくことが必要である。

ただし、この場合でも決め手となるのは、実は最初に相談を受けた相談員の態度なのだということは忘れてはならない。被害者は相談員を頼っているわけであるから、安易に他のセクションへのたらい回しをすることは、その人に突き放されたような気持ちにさせてしまいかねないし、再び心理的に落ち込んでしまう可能性も出てくる。

相談者自身に手に負えないと思われることではあっても、匙を投げたような形にだけはしないようにする。心理治療の効果を高めることにもなるので、専門家に引き渡した時点で終わりと考えず、できる範囲でのサポートは惜しまないようにすることが重要である。

被害者との対応から、どのような心理状態にあり、どの程度の心理的、身体的な余裕があるかを、まず把握する。その上で問題の内容による緊急度を考えて医師と相談し、連携しながら対応を進めていくことになる。

(2) 緊急措置

以上のようなことを総合的に判断しながら、緊急的な措置や対応が必要かどうかを確かめる。被害が深刻な場合には、緊急に措置を講ずる必要がある。相談者が精神的にかなり不安定になっているような場合には、すぐに医療機関を紹介することも必要である。

また、早急に被害者と加害者を引き離す必要がある場合には、一時的に配置転換や自宅待機を可能とするなど迅速かつ柔軟に対応しなければならない。明らかに法的な措置（警察など関係機関との相談）をとる必要があるようなケースについても速やかな判断が必要となる。

緊急措置については、会社側に要求して会社から選択肢を提供させ、被害者がそれを選択できるようにするといい。しかし、被害者の要望などこちら側で選択肢が用意できるのであれば、それを提示する方が早道となる。また、法的な対応などが不可欠の場合には、被害者に理解できるような説明をキチンとしておくことが必要となる。

①緊急措置が必要とされる場合

□被害が深刻なもので刑事事件になると判断される場合
□法的な問題ではないが、被害が極めて深刻な場合
□被害者が被害を原因として、精神的に不安定となっている場合
□加害行為が継続していたり、加害者から相談者に対して報復的な言動が予想される場合
□当事者間の対立が深刻で、職場環境が悪化し、放置できない状態の場合
□被害者が何らかの措置を求めている場合

②緊急措置の例

□問題を刑事事件として扱うかどうかの判断をする
□被害者の被害をどのようにしたら救済できるのかを検討する
□とりあえず、本人の精神的な安定のための措置を検討する
□仕事や勤務場所を変えるなど当事者間の接触がないようにする
□問題解決処理が図られるまで、休みをとれるようにする（自宅で仕事を行えるようにする）
□被害者の提案する措置について検討する

資料

ヒアリングシート●1　パワハラ被害者への聞きとり

①調査に入るにあたって

□　これから行われる調査は、企業の責任で行われるもので、どのような規定にもとづいて行われるものなのかを説明する。

□　調査担当としての役割は何なのかを説明する。

□　これからの調査の進め方や、調査結果の取り扱いについて説明する。

□　調査対象の予定される範囲について説明し、了解をとっておく。

□　調査対象者の利益のための最低限の情報提供以外は、秘密が守られることを説明する。

□　申告を理由とするあらゆる報復は禁止されていることを説明する。

□　調査結果によっては、加害者は厳罰に処せられることもあることを伝える。

②事実関係の確認

相談者とのヒアリングでは、次の内容を把握する。

○いじめの言動の内容（相手、時間、頻度、日時、場所など）

〈質問例〉

□ 誰からそのような行為を受けましたか。
□ どのような行為がありましたか。（なるべく詳細に）
□ その行為は、いつ、どこで、どのような状況で起こりましたか。
□ 仕事の最中ですか、それとも勤務時間後の行為ですか。
□ その行為の頻度は、どの程度ですか。
□ 相手の言動について記憶にある限り正確に話してください。

○相手との関係（上下関係、私的な関係はないか）

（質問例）

□ あなたとその行為を行った相手とは、どのような関係にありますか。
□ あなたは相手とはいつ、どこで知り合いましたか。
□ あなたと仕事外でのつきあいはありましたか。
□ それは、どのようなメンバーでのつきあいですか。

○相談者の対応

（質問例）

□ あなたはそのような行為に対して、不快である旨を相手に伝えましたか。

□　そのときの相手の対応はどのようなものでしたか。
□　伝えなかったとすれば、何か伝えられなかった理由がありますか。
・ショックを受けて反応できなかった
・報復を恐れてできなかった
・仕事のことを考えてできなかった
・周囲の人たちへの配慮からできなかった

○**管理職等への対応**

（質問例）

□　あなたは、上司にその行為について相談をしたことがありますか。
□　管理職はそのことに気づいていたと思いますか。
□　気づいていると思われるとすれば、それはなぜですか。
□　その上司は、そのことについてどのような対応をとりましたか。
□　その上司の対応の結果どのようになりましたか。

○**被害の程度**

（質問例）

□ その行為によってあなたはどのような影響を受けましたか。
□ 何か、仕事上の不利益を被っているようなことはありますか。
□ その行為を受けたとき、あなたはどのような気持ちがしましたか。

○証拠の有無

（質問例）
□ その行為を受けたとき、あなたは誰かにそのことを話しましたか。
□ その行為について、あなたのために協力してくれる人はいますか。
□ 目撃していた人、同様の被害にあっている人はいませんか。
□ その行為を裏付ける手紙やメモ、録音テープなどがありますか。

○職場の状況

（質問例）
□ 職場の雰囲気はどうですか。
□ 職場で、日常的に性的に不快な言動はありますか。
□ そのことを訴えてから職場の環境に変化はありましたか。

ヒアリングシート●2　パワハラ加害者への聞きとり

①ヒアリングをする趣旨と目的を説明し、苦情内容を伝える。

まず、加害者とされる者に対する相談・苦情が申し立てられていること、したがって申し立てられている事実に関して確認を行うことを告げる。ただし、ここでは申し立て内容のディテールについては触れる必要はない。

問題点のみ指摘して、その指摘に対して加害者とされる立場の反論を用意してもらう。それと同時に、今後の問題の解決処理を図るまでの一連の手続きについて説明をすることになる。

次に、申し立てられた相談・苦情の内容を伝える。このとき、相談者を明らかにするかどうかは、被害の内容や程度等により判断することとなるが、明らかにする場合は、あらかじめ必ず相談者の了解を得ておく必要がある。また、事実が確認されるまでは、加害者であるという先入観をもった対応は極力避けることにする。

（質問例）

□　こうした相談・苦情が寄せられていますが、あなたはそのことをどのように思いますか。

□　言われている事実に思い当たるところはありますか。

□　事実認識に大きな違いがあると思われる部分はありますか。

□ なぜ、相談者はこのような苦情を申し立てたと思いますか。
□ あなたは、申し立てられた苦情に対して、問題解決に向けてどのような対応ができますか。

②事実関係の確認

加害者とされる者に対しても十分に弁明の機会を与え、先入観をもたず、公平に接するようにしなければならない。特に、最初の段階での相手に与える印象は大切になる。ここでは、あくまでより良い解決が目的であり、加害者とされる人を非難したり罰することが目的でないことをはっきりさせておく。

そして、なるべく客観的に事実の把握をするように努めなければならない。相談者との言い分についてのヒアリングと同様に、事実関係やそれを証明することのできる事実の有無等を把握するようにする。

（質問例）
□ 相談・苦情の対象となっている行為はありましたか。
□ なるべく事実についてのみのコメントをしてください。
□ 実際には、どのような行為でしたか。いつ、どこで起こりましたか。
□ なぜ、そうした行為を行ったのですか。
□ そのときの相手の対応はどうでしたか。

□ あなたと相談者とはどのような関係ですか。
□ その後、相談者の態度に何か変化は見られますか。見られるとすれば、それはどのような変化ですか。それはどうしてだと思いますか。
□ あなたの主張について、誰か協力し、共通の理解を得られる者はいますか。(目撃者など)

ヒアリングシート●3　第三者(目撃者、同様の被害にあっている同僚など)への聞きとり

問題解決の原則は、あくまで当事者間解決である。しかし、残念ながら当事者間で主張が一致せず、事実確認が十分にできない場合には、さらに第三者への事情聴取を行うことになる。第三者に対するヒアリングを行うと、公正で客観的な事実関係の確認が進められる一方で、問題が職場の内外に漏れやすくなるというリスクが生じる。

そこで、第三者とのヒアリングを行う際には、必ず、事前にヒアリングを実施することと、その相手を明らかにして当事者の了解を得ておくことにする。

いわゆる第三者といわれる調査対象となる人たちとは、おおよそ次のような人たちが想定される。

□ 文字通り、その現場にいて、問題を知っている人
□ その現場にはいないが出来事を目撃している可能性のある人

□ 当事者から相談を受けたり、何らかの関与をした人
□ 過去に同様の事件に遭遇している人
□ 当事者から事情聴取の対象者として挙げられている人
また、この人たちにヒアリングを進めるにあたっては、事情を聞かれたことや、そこで答えたことについての秘密を必ず守ってもらうようにする。そして、ヒアリングで聞くことは、最低限度にとどめなければならない。

①職場の同僚などからの事情聴取

問題とされているような言動や事実が起こりうる状況にあったかどうかなど、客観的な状況などを調査することが目的になる。さらには、当事者との間に問題となっている言動などが起こったとされることについての判断を聞く。具体的には、

□ あなたの職場でこのような問題が起こったとの訴えがありますが、そのことについてどのように感じますか。
□ あなたの職場では、そのようなことが起きる可能性があると思いますか。
□ ○月○日にそうした状況になったと言われていますが、当日はその場にあなたはいましたか。
□ あなた以外にそうした場面を目撃したという話は聞いたことがありますか。

②目撃した（同様の被害を受けた）事実の確認

客観的な事実を得るため、他人から見聞きしたことではなく、第三者自身が直接知っている事実のみを話してもらう。

（質問例）

□ 相談者が職場で不快に感じているような行為を直接、見たり聞いたりしたことがありますか（それは、どのような行為でしたか）。

□ あなたは、それを見た（聞いた）時にどのように感じましたか。

□ あなたは、それを見た（聞いた）時にどのように対応しましたか。

□ あなたは、相談者から何か訴えられたり、相談されたことがありますか。

□ あなたは、加害者とされている者から、不快に感じるような行為を受けたことがありますか。（それは、どのような行為でしたか。）

□ あなたは、そのような行為に対してどのように対応しましたか。

□ そのときの相手の対応はどのようなものでしたか。

□ 相談者は、あなたに相談・苦情の対象となっている行為について話したことがありますか。

□ このことについて知っている人は誰か別にいますか。

パワハラ・労働問題の相談機関

弁護士等専門NPO団体

過労死110番全国ネット
113-0033　文京区本郷2-27-17　川人法律事務所　03-3813-6999

全国労働安全衛生センター連絡会議
136-0071　江東区亀戸7-10-1　Zビル　03-3636-3882

（財）**21世紀職業財団**
102-0084　千代田区二番町9-8　03-5276-3691

日本労働弁護団
101-0062　千代田区神田駿河台3-2-11 総評会館4F　03-3251-1266

NPO法人派遣労働ネットワーク
160-0023　新宿区西新宿7-22-18 オフィスKビル　03-5338-6250

日本司法支援センター本部
102-0073　千代田区九段北4-2-6 市ケ谷ビル6F　0503383-5333

港区コミュニティカフェ ヒューマンサービスセンター
108-0072　港区白金1-16-4　03-5449-6577

東京管理職ユニオン
160-0023　新宿区西新宿4-16-13 MKビル2F　03-5371-5170

コミュニティ・ユニオン全国ネットワーク
651-0096　神戸市中央区雲井通1-1-1 ツイン雲井212　078-232-1838

行政機関（自治体労働相談・労働委員会・国の地方労働局）

北海道庁経済部労政福祉課
060-0033　札幌市中央区北三条西6丁目　011-231-4111

北海道労働委員会
060-0033　札幌市中央区北三条西7丁目　011-231-4111

北海道労働局労働基準部監督課
060-0808　札幌市北区北八条西2-1-1　011-709-2311

青森県庁商工観光労働部労政能力開発課		
030-0861	青森市長島1-1-1	0177-22-1111
青森県労働委員会		
030-0861	青森市長島1-3-1	017-734-9835
青森労働局労働基準部監督課		
030-0801	青森市新町2-4-25	017-734-4112
岩手県庁商工労働観光部労政能力開発課		
020-0023	盛岡市内丸10-1	019-651-3111
岩手県労働委員会		
020-0023	盛岡市内丸10-1	019-622-1693
岩手労働局労働基準部監督課		
020-0023	盛岡市内丸7-25	019-604-3006
宮城県庁産業経済部労政・雇用対策課		
980-0014	仙台市青葉区本町3-8-1	022-211-2753
宮城県労働委員会		
980-0014	仙台市青葉区本町3-8-1	022-211-3782
宮城労働局労働基準部監督課		
983-0861	仙台市宮城野区鉄砲町1	022-299-8838
秋田県庁産業経済労働部労働政策課		
010-0951	秋田市山王4-1-1	018-860-2303
秋田県労働委員会		
010-0951	秋田市山王4-1-2	018-860-3283
秋田労働局労働基準部監督課		
010-0951	秋田市山王7-1-3	018-862-6682
山形県庁商工労働観光部雇用労政課		
990-0023	山形市松波2-8-1	023-630-2378
山形県労働委員会		
990-0023	山形市松波2-8-1	023-630-2792
山形労働局労働基準部監督課		
990-0041	山形市緑町1-5-48	023-624-8222

福島県庁商工労働部雇用労政課		
960-8065	福島市杉妻町2-16	024-521-7296
福島県労働委員会		
960-8065	福島市杉妻町2-16	024-521-7595
福島労働局労働基準部監督課		
980-8021	福島市霞町1-46	024-536-4602
茨城県庁商工労働部労働政策課		
310-0011	水戸市三の丸1-5-38	029-221-8111
茨城県労働委員会		
310-0852	水戸市笠原町978-6	029-301-5563
茨城労働局労働基準部監督課		
310-0061	水戸市北見町1-11	029-224-6214
栃木県庁商工労働観光部労政課		
320-0828	宇都宮市塙田1-1-20	028-623-3219
（他に4労政事務所）		
栃木県労働委員会		
320-0828	宇都宮市塙田1-1-20	028-623-3339
栃木労働局労働基準部監督課		
320-0845	宇都宮市明保野町1-4	028-634-9115
群馬県庁商工労働部労働政策課		
371-0026	前橋市大手町1-1-1	027-223-1111
群馬県労働委員会		
371-0026	前橋市大手町2-6-20	027-226-2783
群馬労働局労働基準部監督課		
371-0854	前橋市大渡町1-10-7	027-210-5003
埼玉県庁労働商工部勤労者福祉課		
336-0011	浦和市高砂3-15-1	048-830-4517
（他に4労動商工センター等）		
埼玉県労働委員会		
336-0011	浦和市高砂3-15-1	048-830-6455
埼玉労働局労働基準部監督課		
336-0012	浦和市岸町5-8-13	048-822-4036

千葉県庁商工労働部労政課
260-0855　千葉市中央区市場町1-1　043-223-2744
千葉県労働委員会
260-0855　千葉市中央区市場町1-1　043-223-3735
千葉労働局労働基準部監督課
260-0024　千葉市中央区中央4-11-1　043-221-2304

労働相談情報センター
102-0072　千代田区飯田橋3-10-3 東京しごとセンター9階
03-5211-2200
大崎事務所
141-0032　品川区大崎1-11-1 ゲートシティ大崎ウエストタワー2階
03-3495-4915
池袋事務所
170-0013　豊島区東池袋4-23-9　03-5954-6501
亀戸事務所
136-0071　江東区亀戸2-19-1 カメリアプラザ7階　03-3682-6321
国分寺事務所
185-0021　国分寺市南町3-22-10　042-323-8511
八王子事務所
192-0046　八王子市明神町3-5-1　042-643-0278
東京都労働委員会
160-0023　新宿区西新宿2-8-1　03-5280-6981
東京労働局労働基準部監督課
112-0004　文京区後楽1-7-22　03-3814-5311

横浜労働センター
231-8583　横浜市中区寿町1-4 かながわ労働プラザ2F
045-633-6110
川崎労働センター
213-0001　川崎市高津区溝口1-6-12高津合同庁舎内
044-833-3141
横須賀商工労働センター
238-0006　横須賀市日の出町2-9-19横須賀合同庁舎内
046-823-0210

平塚商工労働センター
254-0073　平塚市西八幡1-3-1平塚合同庁舎内　0463-22-2711
藤沢商工労働センター
251-0025　藤沢市鵠沼石上2-7-1藤沢合同庁舎内
0466-25-4016
相模原商工労働センター
229-0036　相模原市富士見6-5-8相模原合同庁舎内
042-755-1121
厚木商工労働センター
243-0004　厚木市水引2-3-1厚木合同庁舎内　046-224-1111
神奈川県労働委員会
230-0021　横浜市中区日本大通1　045-210-1111
神奈川労働局労働基準部監督課
231-0003　横浜市中区北仲通5-57　045-211-7351

新潟県庁商工労働部労政雇用課
950-0965　新潟市新光町4-1　025-285-5511
（他に3労政事務所）
新潟県労働委員会
950-0965　新潟市新光町4-1　025-285-5511
新潟労働局労働基準部監督課
951-8133　新潟市川岸町1-56　025-234-5922

富山県庁商工労働部労働雇用課
930-8501　富山市新総曲輪1-7　076-444-3256
富山県労働委員会
930-8501　富山市新総曲輪1-7　076-444-2172
富山労働局労働基準部監督課
930-0856　富山市牛島新町11-7　076-432-2730

石川県庁商工労働部労働企画課
920-0962　金沢市広坂2-1-1　076-223-9199
（他に労働情報センター等）
石川県労働委員会
920-0962　金沢市広坂1-7-1　076-231-3702

石川労働局労働基準部監督課

920-0026　金沢市西念町103街区12番地　076-265-4423

福井県庁商工労働部労働政策課

910-0005　福井市大手3-17-1　0776-21-1111

福井県労働委員会

910-0005　福井市大手3-17-1　0776-20-0597

福井労働局労働基準部監督課

910-0019　福井市春山1-1-54　0776-22-2652

山梨県庁商工労働観光部労政雇用課

400-0031　甲府市丸の内1-6-1　055-223-1561

山梨県労働委員会

400-0031　甲府市丸の内1-6-1　055-223-1826

山梨労働局労働基準部監督課

400-0007　甲府市美咲1-2-13　055-252-4856

長野県庁社会部労政課

380-0837　長野市大字南長野字幅下692-2　026-235-7119

（他に4労政事務所）

長野県労働委員会

380-0837　長野市大字南長野字幅下692-2　026-235-7468

長野労働局労働基準部監督課

380-0846　長野市旭街1108　026-234-5121

岐阜県庁農林商工部労働雇用課

500-8387　岐阜市薮田1-1　058-272-1111

岐阜県労働委員会

500-8384　岐阜市薮田南2-1-1　058-274-5532

岐阜労働局労働基準部監督課

500-9114　岐阜市金竜街5-13　058-245-8102

静岡県庁商工労働部労働福祉室
420-0853　静岡市追手町9-5　054-221-2817
（他に3県行政センター）
静岡県労働委員会
420-0853　静岡市追手町9-6　054-221-2283
静岡労働局労働基準部監督課
420-0853　静岡市追手町9-50　054-254-6352

愛知県庁産業労働部労働福祉課
460-0001　名古屋市中区三の丸3-1-12　052-961-2111
（他に4労政事務所）
愛知県労働委員会
460-0001　名古屋市中区三の丸3-1-12　052-951-6691
愛知労働局労働基準部監督課
460-0001　名古屋市中区三の丸2-5-1　052-972-0253

三重県庁生活部勤労福祉担当
514-0006　津市広明町13　059-224-2456
三重県労働委員会
514-0004　津市栄町1-954　059-224-3033
三重労働局労働基準部監督課
514-0002　津市島崎町327-2　059-226-2106

滋賀県庁商工観光労働部労政能力開発課
520-0044　大津市京町4-1-1　077-528-3753
滋賀県労働委員会
520-0044　大津市京町4-1-1　077-528-4473
滋賀労働局労働基準部監督課
520-0057　大津市御幸町6-6　077-522-6649

京都府庁府民労働部労政課
602-0000　京都市上京区下立売通新町西入立売西町60
075-414-5097
京都府労働委員会
602-8054　京都市上京区出水通油小路東入丁子風呂町104-2
京都府庁西別館4F　075-414-5732

京都労働局労働基準部監督課

604-0846　京都市中京区両替町通御池上ル金吹町451

075-241-3211

大阪府総合労働事務所

540-0033　大阪市中央区石町2-5-3　エル・おおさか南館

06-6946-2605

大阪府総合労働事務所　北大阪センター

560-0082　豊中市新千里東町1-2-1　千里中央センタービル2階

06-6872-3030

大阪府総合労働事務所　南大阪センター

591-8025　堺市長曽根町130-23　堺商工会議所会館5階

072-258-6533

大阪府労働委員会

540-0031　大阪市中央区北浜東3-14　06-6941-7191

大阪労働局労働基準部監督課

541-0008　大阪市中央区大手前4-1-67　06-6949-6490

兵庫県庁産業労働部商工労働局労政福祉課

650-0011　神戸市中央区下山手通5-10-1　078-341-7711

兵庫県労働委員会

650-0011　神戸市中央区下山手通5-10-1　078-362-3815

兵庫労働局労働基準部監督課

650-0044　神戸市中央区東川崎町1-1-3　078-367-9000

奈良県庁商工労働部雇用労政課

630-8213　奈良市登大路8　0742-22-1101

奈良県労働委員会

630-8131　奈良市大森町57-12　0742-23-3580

奈良労働局労働基準部監督課

630-8113　奈良市法蓮町387　0742-32-0204

和歌山県庁商工労働部労政能力開発課

640-8265　和歌山市小松原1-1　073-441-2793

和歌山県労働委員会

640-8265　和歌山市小松原通り1-1　073-441-3781
和歌山労働局労働基準部監督課
640-8025　和歌山市中之島2249　073-422-2172

鳥取県庁商工労働部労働雇用課
680-0011　鳥取市東町1-220　0857-26-7224
鳥取県労働委員会
680-0011　鳥取市東町1-271　0857-26-7559
鳥取労働局労働基準部監督課
680-0011　鳥取市東町2-302　0857-23-2191

島根県庁商工労働部労働政策課
690-0887　松江市殿町1　0852-22-5297
島根県労働委員会
690-0887　松江市殿町8　0852-22-5447
島根労働局労働基準部監督課
690-0001　松江市東朝日町76　0852-31-1156

岡山県庁商工労働部労政・雇用対策課
700-0824　岡山市内山下2-4-6　086-224-2111
岡山県労働委員会
700-0824　岡山市内山下2-4-6　086-224-2111
岡山労働局労働基準部監督課
700-0907　岡山市下石井1-4-1　086-225-2015

広島県庁商工労働部労政管理室
730-0011　広島市中区基町10-52　082-228-2111
広島県労働委員会
730-0011　広島市中区基町9-42　082-228-2895
広島労働局労働基準部監督課
730-0012　広島市中区上八丁堀6-30　082-221-9242

山口県庁商工労働部労政課
753-0071　山口市滝町1-1　083-933-3220
（他に東部・西部2労働事務所）

山口県労働委員会		
753-0071	山口市滝町1-1	083-933-4440
山口労働局労働基準部監督課		
753-0088	山口市中河原町6-16	083-995-0370
徳島県庁徳島県商工労働部労働政策課		
770-0941	徳島市万代町1	088-652-1151
徳島県労働委員会		
770-0941	徳島市万代町1	088-621-3231
徳島労働局労働基準部監督課		
770-0852	徳島市徳島町城内6-6	088-652-9163
香川県庁商工労働部労働政策課		
760-0017	高松市番町4-1-10	087-831-1111
香川県労働委員会		
760-0006	高松市亀岡町1-4	087-831-3091
香川労働局労働基準部監督課		
760-0018	高松市天神前5-12	087-831-7285
愛媛県庁経済労働部労政雇用課		
790-0001	松山市一番町4-4	089-941-2111
愛媛県労働委員会		
790-0001	松山市一番町4-4	089-941-3595
愛媛労働局労働基準部監督課		
790-0808	松山市若草町4-3	089-935-5200
高知県庁商工労働部労働政策課		
780-0850	高知市丸の内1-2-20	088-823-9763
高知県労働委員会		
780-0850	高知市丸の内1-2-20	088-821-4645
高知労働局労働基準部監督課		
790-0074	高知市南金田48-220	088-885-6022
福岡県庁生活労働部労働政策課		
812-0045	福岡市博多区東公園7-7	092-622-1004
(他に4労働福祉事務所)		

福岡県労働委員会
812-0045　福岡市博多区東公園7-7　092-643-3979
福岡労働局労働基準部監督課
812-0013　福岡市博多区博多駅東2-11-1　092-411-4862

佐賀県庁経済部労働課
840-0041　佐賀市城内1-1-59　0952-25-7100
（他に3労政事務所）
佐賀県労働委員会
840-0041　佐賀市城内1-1-59　0952-25-7242
佐賀労働局労働基準部監督課
840-0801　佐賀市駅前中央3-3-20　0952-32-7155

長崎県庁商工労働部労政福祉課
850-0851　長崎市江戸町2-13　095-826-3481
（他に2労働相談情報センター）
長崎県労働委員会
850-0031　長崎市桜町4-1　095-822-2398
長崎労働局労働基準部監督課
852-8106　長崎市岩川町16-16　095-846-6346

熊本県庁商工観光労働部労働雇用課
862-0950　熊本市水前寺6-18-1　096-383-1111
（他に労働相談情報センター）
熊本県労働委員会
862-0950　熊本市水前寺6-18-1　096-384-1402
熊本労働局労働基準部監督課
860-0008　熊本市二の丸1-28-1　096-355-3181

大分県庁商工労働観光部労政能力開発課
870-0022　大分市大手町3-1-1　097-536-1111
（他に振興局労政課）
大分県労働委員会
870-0022　大分市大手町3-1-1　097-536-1111

大分労働局労働基準部監督課

870-0016　大分市新川町2-1-36　097-536-3212

宮崎県庁商工労働部労働政策課

880-0805　宮崎市橘通東2-10-1　0985-26-7106

宮崎県労働委員会

880-0805　宮崎市橘通東1-9-10　0985-26-7262

宮崎労働局労働基準部監督課

880-0805　宮崎市橘通東3-1-22　0985-38-8825

鹿児島県庁商工観光労働部労働政策課

890-8577　鹿児島市鴨池新町10-1　099-286-3017

鹿児島県労働委員会

890-8577　鹿児島市鴨池新町10-1　099-286-3943

鹿児島労働局労働基準部監督課

892-0816　鹿児島市山下町13-21　099-223-8277

沖縄県庁商工労働部労働政策課

900-0021　那覇市泉崎1-2-2　098-866-2328

（他に沖縄県労政事務所等）

沖縄県労働委員会

900-0021　那覇市泉崎1-2-2　098-866-2551

沖縄労働局労働基準部監督課

900-0029　那覇市旭町38-8　098-868-4303

金子雅臣（かねこ　まさおみ）

1943年生まれ。2001年より東京都中央労政事務所勤務。東京都で労働相談を長年担当し、セクシュアル・ハラスメント問題の第一人者として活躍。外国人労働相談にも長年携わっている。また新宿の路上に座り込んで多くのホームレスたちの声をまとめたルポで、〝ホームレス〟という言葉を一躍世間に広めた。

働く人たちの環境が大きく様変わりする中で、中高年や女性に加えてホープレスな若者たちが新たな社会的弱者になりつつあることに警鐘を鳴らす。不当な差別に「もっと怒りを！」とエールを送り続けている。

主な著書に、「ホームレスになった—大都会を漂う」（ちくま文庫）、「女の部下を叱れない」「失業の心理学」「セクハラ防止完全マニュアル」「セクハラ事件の主役たち」（築地書館）、「裁かれる男たち」「知って得するフリーター読本」（明石書店）、「公務員のセクハラ防止マニュアル」「管理職のためのセクハラ講座—あなたの理解で大丈夫ですか」「地方公務員の人間関係」（ぎょうせい）、「雇用を守る制度活用法」（旬報社）などがある。

パワーハラスメントの衝撃——あなたの会社は大丈夫か
個人と企業のためのいじめ防止完全マニュアル

2003年10月25日第1刷発行
2009年1月20日第3刷発行

著　者 ………… 金子雅臣
発行人 ………… 大橋勲男
発行所 ………… ㈱都政新報社
〒160-0023 東京都新宿区西新宿7-23-1 TSビル
TEL 03(5330)8788　FAX 03(5330)8808
振替 00130-2-101470
http://www.toseishimpo.co.jp/
印刷・製本 …… 藤原印刷株式会社

ISBN978-4-88614-112-5 C0036

Printed in Japan
乱丁・落丁本はお取り替えします。